# TRAITÉ

## DE LA

# LIAISON DES MOTS.

SISTERON. — AUG. BOURLÈS, ÉDITEUR.

# TRAITÉ

## DE

# LA LIAISON

## DES MOTS

### A L'USAGE DES ÉCOLES D'ADULTES,

### PAR CH. CASTAGNIER.

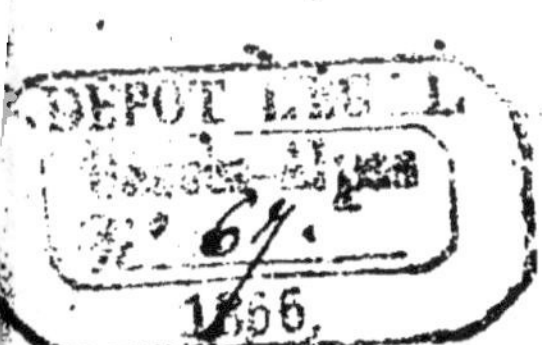

SISTERON,

IMPRIMERIE D'AUGUSTE BOURLÈS,

PLACE DE L'HORLOGE, 5.

1866.

# A LA MÉMOIRE

## DE M. MÉVOLHON.

Jeune, j'ai contracté une dette sacrée; vieux, je vais tâcher de l'acquitter. M. Mévolhon, ancien chanoine de St-Omer, homme d'un caractère doux, d'un esprit droit et d'un goût sain, ayant bien voulu, pendant les six dernières années de son existence, me sacrifier une partie de ses moments précieux, en daignant, le soir de chaque jour, pendant ce long espace de temps, m'expliquer tous mes devoirs de collége et former mon instruction, selon mes faibles facultés, je viens aujourd'hui, non solder mon compte débiteur, mais m'acquitter en partie en dédiant, à sa mémoire, le premier livre que je publie et auquel il a pris la plus grande part, en corrigeant mes fautes sur la prosodie et la juste liaison des mots dans les lectures à haute voix qu'il me faisait faire.

Voici ce qu'on lit dans l'*Histoire de Sisteron*, par M. Edouard de Laplane, sur cet homme de bien, mon digne bienfaiteur :

« Mévolhon (Jean-Gaspard), ancien chanoine de St-
« Omer, né à Sisteron, le 11 août 1748, mort dans cette
« ville le 23 décembre 1827.

« La révolution vint arrêter M. l'abbé Mévolhon au
« milieu de sa carrière. Rentré dans sa patrie (1791),
« il y passa obscurément le reste de ses jours. Il méri-
« tait un autre sort : car c'était un homme remarquable
« par son esprit et son goût, comme par l'étendue et
« la variété de ses connaissances.

« Admis jeune dans la congrégation de l'Oratoire, ses
« supérieurs ne tardèrent pas à le distinguer ; ils l'appe-
« lèrent à Paris, où il devint bibliothécaire de la maison
« de Saint-Magloire. Son mérite l'ayant fait connaître à
« la cour, il fut choisi pour présider à l'éducation du
« comte de Lusace (1) ; fonction dont il s'acquitta avec
« le plus grand succès. Enchantée de l'élève, la reine

---

(1) Ce jeune prince se destinait à l'état ecclésiastique, il était fils de François-Xavier-Auguste de Saxe, appelé le prince Xavier, frère de Madame la Dauphine, mère de Louis XVI.

« Marie-Antoinette voulut voir l'instituteur. La fortune
« semblait tendre la main à M. Mévolhon et lui annon-
« cer qu'il allait recueillir le fruit de ses soins, lorsqu'un
« événement imprévu vint renverser ses espérances. Le
« comte de Lusace était au moment de terminer ses étu-
« des ; à peine recevait-il les dernières leçons de son
« habile maître, qu'une courte maladie l'enleva (1783).
« Attaché pendant quelque temps à la paroisse de Saint-
« Roch, M. l'abbé Mévolhon fut chargé d'y faire des
« conférences. Son vaste savoir et une grande facilité
« d'élocution attirèrent sur lui l'attention. C'est là que
« M. de Chalabre, dernier évêque de St-Omer, l'ayant
« connu, le décida à quitter Paris et à le suivre dans
« son diocèse, où il le pourvut d'un canonicat.

« M. l'abbé Mévolhon a laissé un grand nombre de
« manuscrits ; ils sont pleins de recherches. L'auteur
« avait toujours espéré pouvoir les mettre en ordre et
« leur donner une forme qui permît de les faire paraî-
« tre, mais il est mort sans avoir exécuté son projet.
« Ses recueils se trouvent à présent entre les mains d'un
« de ses neveux, M. Antoine Mévolhon, conseiller à la
« cour royale de Poitiers. »

( Histoire de Sisteron , page 435, tome ii. )

# PRÉFACE.

Les traités qui existent sur la liaison des mots étant au-dessus des forces des enfants, j'ai essayé d'en dresser un pour leur âge, afin de les initier de bonne heure à la connaissance d'un art qu'un grand nombre de jeunes gens ignorent encore aujourd'hui au sortir de leurs classes.

Les maîtres qui pourraient désirer de plus longs développements n'auraient qu'à consulter les ouvrages plus complets sur cette matière et notamment ceux de MM. Gattel, Feraud, Laveaux, d'Olivet, Lévizac, Sicard, Duclos, Wailly, Domergue, de Dangeau, Catineau, Restaut, Beauzée, Vaugelas, Dumarsais, Dubroca, Littré, de Madame Sophie Dupuis et le dictionnaire de l'Académie que j'ai presque suivis pas à pas.

A cette liste, je pourrais en ajouter beaucoup d'autres qui m'ont été d'une très-grande utilité.

En comparant les règles, notes et observations de ces divers auteurs, je me suis formé, une opinion que j'ai exprimée dans ma méthode, sous ma responsabilité personnelle, soit que les idées m'appartiennent, ou qu'elles me viennent d'autrui.

Ma méthode se divise en cinq parties : dans la première, j'ai traité des mots qui s'élident et de ceux qui ne s'élident pas.

Nous ne nous sommes point occupé des élisions indiquées dans l'écriture par l'apostrophe, mais seulement de celles qui ne sont pas marquées de ce signe et qui néanmoins doivent s'opérer dans la lecture pour adoucir la prononciation.

Comme les élisions dans la lecture des vers se font souvent, contrairement aux règles établies pour la prose, nous avons présenté, dans nos observations réservées pour les maîtres, les divers cas, où il est quelquefois nécessaire d'unir des mots que le sens divise, principalement lorsque les poétes les ont maintenus dans leurs combinaisons métriques, non pour s'épargner le soin de chercher un autre tour; mais, parce que les élisions de ce genre ne blessent en rien l'oreille, surtout quand l'*e* muet final, soumis à l'élision, est précédé d'une consonne et non d'une voyelle.

J'ai exposé, dans cette partie de mon travail, la manière de faire l'élision de toutes les finales des mots de notre langue à la rencontre d'un mot commençant par une voyelle ou un *h* muet ; ce qui m'a forcé à donner un grand nombre d'exemples et d'exercices même en n'employant que deux ou trois mots de chacune de nos terminaisons féminines, espérant, par là, pouvoir mettre les enfants en état de faire l'application des règles, sur chaque mot qui peut se présenter plus tard dans une lecture ; car les élisions mal exécutées rompent le charme de toute lecture, comme celles opérées entre des mots qui doivent former hiatus. Pour prévenir toute erreur dans ces deux genres de difficultés, nous avons traité assez au long les deux cas, pour ne laisser aucun doute sur une matière aussi importante et pourtant si négligée.

La seconde partie comprend la liaison des consonnes finales à la rencontre des voyelles initiales des mots qui les suivent immédiatement.

Pour fixer, autant que possible, les principes de cette partie de notre ouvrage, nous avons formulé des règles pour toutes les terminaisons de nos mots, au double point de vue des consonnes qui sont soumises à la liaison et de celles qui en sont rejetées.

Je n'ai pas classé par ordre alphabétique nos finales, mais par ordre organique, afin de rapprocher les consonnes fortes, des consonnes faibles, car les consonnes fortes se changent souvent, dans la liaison, en leurs correspondantes faibles, d'après les lois qui ont présidé au mécanisme ingénieux de notre prononciation.

Les règles et les notes imprimées en italique au bas des pages sont uniquement pour les maîtres.

Dans la troisième partie, j'ai indiqué les anomalies d'un grand nombre de mots, dans la composition desquels, il faut épeler *ou* sur *u*, lire *a* sur *e*, donner au *t* le son sifflant de *s* et les différentes manières de prononcer le *ch*, ainsi que celles du *x*.

On y trouvera des notes et des énumérations pour les lettres qui se prononcent, comme pour celles qui ne se prononcent pas, ainsi que le mode d'exprimer le sheva lorsque Deux consonnes de même nature ou de nature différente se trouvent au commencement, dans le corps ou à la fin des mots.

Nous y avons aussi exposé les divers cas où les consonnes fortes se changent en leurs faibles et les faibles en leurs fortes, ce qui est plus rare, car la permutation des consonnes faibles en leurs fortes ne s'opère seulement qu'à la fin des mots pour donner plus d'appui à la voix.

La quatrième partie contient les règles les plus usuelles de notre prosodie. En traitant de l'accent et de la quantité dans un ouvrage spécialement destiné aux écoles primaires, nous avons dû nous abstenir de marquer toutes les nuances des modifications de la voix, parce que les préceptes que nous avons établis peuvent suffire au premier enseignement.

Il serait à souhaiter que l'on habituât les élèves à observer le ton et la durée des syllabes des mots. Par ce moyen, il serait peut-être possible de remplacer un jour les divers accents de nos provinces par un accent unique.

Dans la prononciation, outre les inflexions de l'accentuation que l'on doit faire sentir sur les voyelles suivant le signe dont elles sont affectées, il faut surtout faire attention à la syllabe qui porte l'accent tonique qui, dans notre écriture, n'est indiqué par aucune marque.

Cet accent est l'élévation de la voix sur une des syllabes d'un mot.

Cette syllabe ainsi accentuée, domine par le ton élevé qu'on lui donne, toutes les autres syllabes du mot.

Chaque nation a un accent prosodique, mais il varie de peuple à peuple. Chez les uns, cet accent passe souvent d'une syllabe sur une autre, suivant les déclinaisons, les conjugaisons et selon que les mots sont en société entre eux.

Chez nous, il n'occupe que deux places invariables et faciles à saisir : il occupe la dernière syllabe du mot, quand sa terminaison est masculine ; et, l'avant dernière, quand elle est féminine.

Il importe donc de vulgariser, par l'enseignement, ces notions et ce sera le moyen d'empêcher que l'accent de nos diverses provinces se perpétue plus longtemps dans notre langage.

J'ai compris dans cette partie la proportion des pauses que l'on doit observer, suivant les différents caractères de notre ponctuation, car ces signes, selon le sens plus ou moins complet qu'ils indiquent, désignent aussi des repos plus ou moins longs.

Les repos que l'on doit exécuter en dehors des signes de notre ponctuation, n'étant que du domaine de l'intelligence et du goût d'un lecteur exercé, j'ai abandonné, aux maîtres, le soin de les indiquer aux élèves capables de distinguer les nuances délicates que l'on doit faire sentir dans les divers membres d'une phrase ; là, où notre ponctuation fait défaut.

La durée de ces repos ne doit point excéder la valeur d'un temps.

Tels sont les principes que nous rappelons aux maîtres pour guider les jeunes élèves dans l'art de la lecture à haute voix.

La cinquième partie, qui est la dernière de notre traité, contient un recueil de morceaux, en vers et en prose, extraits de divers auteurs, dont les noms suffisent pour montrer que notre choix a été fait avec un soin minutieux, pour faire passer, les jeunes lecteurs, par les tons exigés dans une lecture à haute voix.

On trouvera dans les fables, les dialogues, les lettres et les autres morceaux, le moyen d'exercer les élèves sur les inflexions à donner à la voix, d'après le sentiment que chaque sujet exprime.

# TRAITÉ.

### DE

# LA LIAISON DES MOTS.

## DE L'ÉLISION.

### PARTIE DU MAITRE.

### Observations Générales.

L'élision est la suppression de la voyelle finale d'un mot à la rencontre d'une autre voyelle ou d'un *h* muet.

Les voyelles *a*, *i*, *e* sont les seules soumises à l'élision.

La suppression de l'*a* et celle de l'*i* sont toujours indiquées par une apostrophe.

### EXEMPLES :

L'amitié pour *la* amitié, l'envie pour *la* envie, s'il chante pour *si* il chante.

1

L'*e* muet final, à part quelques cas que nous ferons connaître dans le cours de nos exercices, s'élide toujours dans la prononciation à la rencontre d'une autre voyelle ou d'un *h* non aspiré ; mais dans l'écriture, il est remplacé par l'apostrophe dans les monosyllabes *je, me, te, se, que, ne, ce, le* et dans *lorsque, puisque, quoique, quelque, entre*, etc.

**EXEMPLES :**

J'aime pour *je* aime.
Je m'éloigne pour *je me* éloigne.
Je l'habite pour *je le* habite.
Jusqu'à Paris pour *jusque à* Paris.
Entr'ouvrir pour *entre* ouvrir.

Les élisions marquées par une apostrophe n'offrent point de difficulté pour la lecture, elles sont assez indiquées par le signe qui les représente.

Aussi, nous ne nous en occuperons point dans notre méthode ; nous n'y traiterons que de celles qui ne sont point indiquées par l'orthographe. Ces dernières, très-nombreuses dans notre langue, ne portent que sur l'*e* muet final de nos mots.

Les élisions bien exécutées donnent de la douceur et de l'agrément au langage ; mais pour obtenir ce résultat, il faut avoir soin de lier, en supprimant dans la lecture, l'*e* muet final d'un mot à la rencontre d'une voyelle ou d'un *h* muet, la consonne à laquelle cet *e* muet était uni avec la voyelle initiale du mot suivant, de telle sorte que les deux mots séparés dans l'orthographe n'en forment plus qu'un dans la prononciation.

Dans la prose, l'élision n'a pas lieu entre deux mots séparés par un signe de ponctuation.

**EXEMPLES**:

Il est venu lui-même, | et les siens ne l'ont pas reçu.
La nature est avide, | et reçoit plus volontiers qu'elle ne donne.

Dans la lecture des vers, l'élision s'opère entre deux mots séparés par un signe de ponctuation.

Les préceptes de la versification tolèrent ces élisions contraires au débit.

Ces vers :

Comme eux vous fûtes pauvre, et comme eux orphelin.
Je l'appelle, il accourt ; je me lève, il me suit ;
Je m'arrête, il attend ; je le chasse, il s'enfuit.

doivent se prononcer de cette manière :

Co-m'eux vous fûtes pau vr'et co-m'eu z'orphelin.
Je l'apè l'i-l'accourt; je me lè v'il me suit;
Je m'arrê t'i-l'attend; je le cha ss'il s'enfuit.

PARTIE DE L'ÉLÈVE.

*Manière de faire l'élision des finales* be, pe, ve, fe, phe, me *et* ne *à la rencontre d'un mot commençant par une voyelle.*

| | |
|---|---|
| Ara-b'avare. | Arabe avare. |
| Jam-b'enflée. | Jambe enflée. |
| Tom-b'entr'ouverte. | Tombe entr'ouverte. |
| Scri-b'abile. | Scribe habile. |
| Ro-b'élégante. | Robe élégante. |
| Glo-b'en verre. | Globe en verre. |
| Her-b'odorante. | Herbe odorante. |
| Cou-p'empoisonnée. | Coupe empoisonnée. |
| Cha-p'en soie. | Chape en soie. |
| Pi-p'émaillée. | Pipe émaillée. |
| Philanthro-p'austère. | Philanthrope austère. |
| Misanthro-p'inquiet. | Misanthrope inquiet. |
| Veu-v'inconsolable. | Veuve inconsolable. |
| Ri-v'agréable. | Rive agréable. |
| Cu-v'en bois. | Cuve en bois. |
| Alcô-v'étroite. | Alcôve étroite. |
| Bra-v'ome. | Brave homme. |
| Convi-v'aimable. | Convive aimable. |
| Cara-f'en verre. | Carafe en verre. |
| Eto-f'unie. | Etoffe unie. |
| Typogra-f'instruit. | Typographe instruit. |
| Philoso-f'audacieux. | Philosophe audacieux. |
| Catastro-f'imprévue. | Catastrophe imprévue. |
| Da-m'impérieuse. | Dame impérieuse. |

| | |
|---|---|
| Dô-m'élevé. | Dôme élevé. |
| U-n'ode | Une ode. |
| Caba-n'en chaume. | Cabane en chaume. |
| Paysa-n'impolie. | Paysanne impolie. |
| Domai-n'à vendre. | Domaine à vendre. |

### EXERCICE.

Harpe éolienne. Eusèbe intrigue chacun. Elle se dérobe à nos regards. On radoube un vaisseau. Victor succombe à sa douleur. Une bombe éclata près du général. Une syllabe accentuée. J'ai traversé le Danube à la nage. Ce proverbe est vulgaire. Beuve a une robe ondoyante. Tulipe odorante. Bruno a un polype au nez. Soucoupe en porcelaine. Le Souverain Pontife a célébré la messe. La girafe a un long cou. Un triomphe éclatant. Ce télégraphe est bien situé. L'apostrophe indique la suppression d'une voyelle. Gustave a été à la chasse. Une louve a dévoré mon chien. Je trouve ici tout ce que je veux. J'ai vu le Vésuve en feu. Il se trame une conspiration. L'abricotier s'aime au soleil. J'ai été témoin d'un crime épouvantable. Le calme est quelquefois précurseur de la tempête. Déjeune avec nous. Sa ruine est certaine. Faites l'aumône aux pauvres. Le Rhône est rapide. Vouloir prendre la lune avec les dents. Vois-tu ce moine en prière ?

*Manière de faire l'élision des finales* le, re, te, de *à la rencontre d'un mot commençant par une voyelle.*

| | |
|---|---|
| Pilu-l'amère. | Pilule amère. |
| Etoi-l'errante. | Etoile errante. |

| | |
|---|---|
| Cette pi-l'est solide, | Cette pile est solide. |
| Ridicu-l'insupportable. | Ridicule insupportable. |
| Empi-r'immense. | Empire immense. |
| Mémoi-r'artificielle. | Mémoire artificielle. |
| Condui-t'irréprochable. | Conduite irréprochable. |
| Plan-t'odoriférente. | Plante odoriférente. |
| Oculi-st'abile. | Oculiste habile. |
| Deman-d'indiscrète. | Demande indiscrète. |
| Promena-d'agréable. | Promenade agréable. |
| Aman-d'amère. | Amande amère. |
| Mon-d'ancien. | Monde ancien. |
| A bri-d'abattue. | A bride abattue. |

Grand'mère, grand'messe, grand'chambre, grand'salle, grand'chère, grand'pitié, grand'chose, grand'peur, grand'place, grand'croix, grand'garde, grand'peine, grand'tante. (1)

*Manière de faire l'élision des finales* ze, se, ce, ance, anse, ense, ince, once, onse, erse, orce, orse, asse, esse, isse, usse *et* xe *à la rencontre d'un mot commençant par une voyelle.* (2)

| | |
|---|---|
| On-z'enfants. | Onze enfants. |
| Dou-z'agneaux. | Douze agneaux. |

(1) L'*e* muet final de l'adjectif *grande* s'élide dans la prononciation et même en écrivant, devant certains mots commençant par une consonne; mais quand cet adjectif est précédé de quelque prépositif, l'élision n'a pas lieu, ainsi, l'on dit et l'on écrit: *une grande messe, une très-grande peur*, l'élision néanmoins s'opère toujours dans *grand'mère, ma grand'mère* est infirme, *la grand'mère* de Jacques est valide.

(2) *C* suivi d'un *e* muet à la fin d'un mot, prend devant *a, o, u,* le

| | |
|---|---|
| Mauvai-z'odeur. | Mauvaise odeur. |
| Ru-z'innocente. | Ruse innocente. |
| Grima-c'épouvantable. | Grimace épouvantable. |
| Exerci-ç'à feu | Exercice à feu. |
| Conscien-ç'agitée | Conscience agitée. |
| Arrogan-c'impérieuse. | Arrogance impérieuse. |
| Dan-c'étourdissante. | Danse étourdissante. |
| Offen-ç'outrageante. | Offense outrageante. |
| Récompen-ç'acquise. | Récompense acquise. |
| Dispen-c'injuste. | Dispense injuste. |
| Provin-c'éklésiastique. | Province ecclésiastique. |
| Prin-ç'affable. | Prince affable. |
| Ron-c'épineuse. | Ronce épineuse. |
| Non-c'extraordinaire. | Nonce extraordinaire. |
| Répon-ç'ambiguë. | Réponse ambiguë. |
| Commer-c'intérieur. | Commerce intérieur. |
| Controver-ç'ardente. | Controverse ardente. |
| Amor-ç'appétissante. | Amorce appétissante. |
| Entor-ç'au pied. | Entorse au pied. |
| Cuira-c'éblouissante. | Cuirasse éblouissante. |
| Cha-ç'au tir. | Chasse au tir. |
| Sagè-c'évangélique. | Sagesse évangélique. |
| Bro-ç'à barbe. | Brosse à barbe. |
| Fo-ç'aux lions. | Fosse aux lions. |

---

son du ç cédille à la rencontre d'une voyelle, ainsi les mots supplice atroce, service officieux, place unique se prononcent : suppli-ç'atroce, servi-ç'officieux, pla-ç'unique.

*S* redoublé ou précédé d'une autre consonne prend, lorsqu'il est suivi d'un *e* muet final qui s'élide, le son du *c* doux et suit la règle du ç cédille devant *a*, *o*, *u* ; ainsi, les mots course immense, entorse au poignet, promesse inutile, terrasse élevée, brosse à dents, se prononcent : cour-c'immense, entor-ç'au poignet, promé-c'inutile, terra-c'élevée, bro-ç'à dents.

<table>
<tr><td>Fau-c'espérance.</td><td>Fausse espérance.</td></tr>
<tr><td>Ecrevi-c'épluchée.</td><td>Ecrevisse épluchée.</td></tr>
<tr><td>Régli-ç'alpine.</td><td>Réglisse alpine.</td></tr>
<tr><td>Ta-kç'onéreuse.</td><td>Taxe onéreuse.</td></tr>
<tr><td>Lu-kc'effrayant.</td><td>Luxe effrayant.</td></tr>
<tr><td>Ri-kc'injurieuse.</td><td>Rixe injurieuse.</td></tr>
<tr><td>A-kç'optique.</td><td>Axe optique.</td></tr>
<tr><td>Paralla-kç'annuelle.</td><td>Parallaxe annuelle.</td></tr>
</table>

## 1ᵉʳ EXERCICE.

Cela est difficile à faire. L'évangile est la loi de Jésus-Christ. Toile imprimée. La poule a pondu. J'écale une noix. La parole exprime la pensée. Mon père a été à la ville. Modère un peu tes transports. Il ne faut pas chanter victoire avant le temps. Ma mère a été malade. Eutrope a un sourire agréable. La voiture a versé. Ce prélude est charmant. Côme est d'une ingratitude inconcevable. Marie brode une robe en soie. Donnez-lui un remède efficace. Il se dispute avec tout le monde. Je sollicite une place. Ce buste est bien sculpté. La livre romaine était de douze onces. Un bonze indulgent. La gaze est légère. Combien voulez-vous de vos treize agneaux ? La topaze est jaune. Rose a été à la messe. Ce vase en bronze est superbe. Il vise à une place. Sa ruse est dangereuse. Elle l'accuse injustement. Je me repose en vous. La rose a une odeur suave.

## 2ᵉ EXERCICE.

La dose était trop forte. Cela a été la cause innocente de sa mort. Quel supplice inouï. Remi est d'une avarice extrême. La police est vigilante à Paris. Quel précipice éffrayant. Place au feu et à la chandelle. Race immortelle. Affreuse incertitude. J'ai de la confiance en cette personne. Elle sera d'une constance admirable. Ma mère avance à grands pas. La providence est grande. Une redevance injuste. Renonce au péché. L'apparence est trompeuse. Sulpice a donné une entorse à la vérité. Je panse une plaie. Pense à Dieu. Elle danse avec grâce. Ma défense est prête. Sa réponse est juste. Verse à boire. Il converse avec ses livres. On se lasse à se tenir debout. Ellé passe et repasse à tout moment. Il le surpasse en sagesse. La messe est finie. Chacun s'intéresse à son sort. Cette fosse est profonde. Il tapisse une chambre. Elle ratisse un navet. Cuisse artificielle. L'Araxe arrose la grande Arménie. Elle le vexe injustement. Paradoxe absurde. Elle fixe un tableau. Le second passage de l'équinoxe au méridien arrive chez nous le 23 septembre. J'ai parcouru toute la Saxe-Altembourg. Il le boxe adroitement.

*Manière de faire l'élision des finales* je, ge (1), gue, ke, que *et* che *à la rencontre d'un mot commençant par une voyelle.*

| | |
|---|---|
| Le congédiè-j'adroitement. | Le congédiai-je adroitement. |
| M'en méfiè-j'avec raison. | M'en méfiai-je avec raison. |
| Prodi-j'étonnant. | Prodige étonnant. |
| Ti-j'inflexible. | Tige inflexible. |
| Passa-j'étroit. | Passage étroit. |

(1) *G* suivi d'un *e* muet à la fin d'un mot prend, à l'élision, le son accidentel du *j* à la rencontre de toute voyelle. Ainsi les mots juge intègre, déluge universel, âge avancé, se prononcent ju-j'intègre, délu-j'universel, â-j'avancé.

| | |
|---|---|
| Ra-j'infernale. | Rage infernale. |
| Maria-j'assorti. | Mariage assorti. |
| Fran-j'argentée. | Frange argentée. |
| Menson-j'officieux. | Mensonge officieux. |
| Délu-j'universel. | Déluge universel. |
| Froma-j'à la crême. | Fromage à la crême. |
| Girova-gu'errant. | Girovague errant. |
| Do-gu'affamé. | Dogue affamé. |
| Co-k'enflammé. | Coke enflammé. |
| Domesti-qu'effronté. | Domestique effronté. |
| Atta-qu'imprévue. | Attaque imprévue. |
| Fabri-qu'élégante. | Fabrique élégante. |
| Musi-qu'agréable. | Musique agréable. |
| Musi-qu'enragée. | Musique enragée. |
| Va-ch'à lait. | Vache à lait. |
| Mè-ch'allumée. | Mèche allumée. |
| Etre ri-ch'en vertu. | Etre riche en vertu. |
| Mou-ch'à miel. | Mouche à miel. |
| Une bi-ch'et son faon. | Une biche et son faon. |

## EXERCICE.

Qu'ai-je à faire ? Où irai-je avec lui ? Le conjurai-je instamment ? Le cucuje est du genre des coléoptères. George a rendu témoignage à la vérité. Le juge interroge les criminels. Ce sera un voyage agréable. Voilà un page insolent. J'ai été témoin d'un carnage affreux. Il s'érige en cenceur. Elle déroge à ses droits. L'orage était près d'éclater. Ici, on loge à pied. O prodige inouï ! La neige est blanche. Usage établi. Langage intelligible. Elle porte une bague au petit doigt. Il brigue une charge. Vierge incomparable. Le dogue a mordu ma cousine. Tu liras ce dialogue avec plaisir. La synagogue était déserte. On se fatigue à travailler. Elle vaque à l'étude. Télémaque était fils d'Ulysse. Voilà une baraque en bois. L'évêque a obtenu la publique estime. Adresse une supplique à l'Empereur. Eugène a une tache à l'œil. Elle se cache à dessein. Un riche insupportable. Il court de proche en proche. Débouche une bouteille. Mets cette bûche au feu. Biche aux pieds d'airain.

*Manière de faire l'élision des finales* ble, ple, fle, cle, gle, bre, pre, fre, vre, dre, tre, cre, gre, et gne *à la rencontre d'un mot commençant par une voyelle* (1).

| | |
|---|---|
| Ta-bl'égyptienne. | Table égyptienne. |
| Fai-bl'espérance. | Faible espérance. |
| Dou-bl'écrit. | Double écrit. |
| Dou-bl'as. | Double as. |
| Chasu-bl'unie. | Chasuble unie. |
| Exem-pl'illustre. | Exemple illustre. |
| Tem-pl'élevé. | Temple élevé. |
| Débâ-cl'éffroyable. | Débâcle effroyable. |
| Arti-cl'unique. | Article unique. |
| Ai-gl'impériale. | Aigle impériale. |
| Trè-fl'odorant. | Trèfle odorant. |
| Le giro-fl'embaume. | Le girofle embaume. |
| Ar-br'à plein vent. | Arbre à plein vent. |
| Mar-br'artificiel. | Marbre artificiel. |

(1) Lorsque les liquides *l* et *r* sont combinées avec d'autres consonnes, il faut les prononcer simultanément et avoir soin, en les unissant au mot suivant, de laisser à la lettre qui précède le *l* ou le *r* toute la force ou la douceur que son caractère porte.

| | |
|---|---|
| Cham-br'oscure. | Chambre obscure. |
| Peau â-pr'et rude. | Peau âpre et rude. |
| Bois pro-pr'à bâtir. | Bois propre à bâtir. |
| Le sa-fr'est bleuâtre. | Le safre est bleuâtre. |
| Le fi-fr'a un son perçant. | Le fifre a un son perçant. |
| Fiè-vr'aiguë. | Fièvre aiguë. |
| Li-vr'élémentaire. | Livre élémentaire. |
| Je l'ai vu fon-dr'en larmes. | Je l'ai vu fondre en larmes. |
| Pou-dr'à canon. | Poudre à canon. |
| Théâ-tr'anatomique. | Théâtre anatomique. |
| Entre qua-tr'yeux. | Entre quatre yeux. |
| Pou-tr'équarrie. | Poutre équarrie. |
| Massa-cr'affreux. | Massacre affreux |
| Lu-cr'assuré. | Lucre assuré. |
| Vinai-gr'anti-scorbutique. | Vinaigre anti-scorbutique. |
| O-gr'insatiable. | Ogre insatiable. |
| Rè-gn'animal. | Règne animal. |
| Chatai-gn'ordinaire. | Chataigne ordinaire. |
| Tro-gn'enluminée. | Trogne enluminée. |

## 1er EXERCICE.

La bible est le principal fondement de la religion chrétienne. Aimable enfant que fais-tu là? La table est ronde. Racontez-nous quelque fable amusante? Voilà un meuble élégant. Viens dans le temple adorer l'Éternel. Marcel contemple un tableau. Le peuple accourt de toute part. Joue trèfle et puis carreau. Une pantoufle usée. Elle renifle un peu là-dessus. Un cercle en fer. Un couvercle en bois. Marguerite racle un navet. Ce binocle est joli. Ce seigle est mûr. J'ai une règle à suivre. Un miracle inouï. L'aveugle est plus malheureux que le sourd-muet.

Menton à triple étage. Le camphre a une odeur forte. Apprendre à lire à quelqu'un. Candélabre à sept branches. Demain, je serai libre à midi. J'ai un membre engourdi. Chambre à louer. Le mois de novembre est froid. Un nombre impair. Cela est propre à toutes sortes de gens. La lèpre est contagieuse. Quiconque est propre à tout, n'est propre à rien. La réprimande a été âpre et sévère. Eutrope a une balafre au visage.

2· EXERCICE.

Voilà une gaufre excellente. Un cafre inquiet. Un fifre en buis. Un cadavre infect, Faites la charité au pauvre infirme. La couleuvre est vénimeuse. Quel chef-d'œuvre admirable. Le Louvre est le plus beau palais de France. Tomber de fièvre en chaud mal. Sauver la chèvre et le chou. Tirer sa poudre aux moineaux. Ce cèdre est magnifique. On fait le cidre en pressurant les pommes. Je n'ose pas répondre à sa lettre. La foudre est tombée sur la tour de l'église. Elle va se plaindre à ses parents. Mon lustre a cinq branches. Irez-vous chez votre ami? Sa marâtre est bonne. Rentre en toi-même. Elle consacre à Dieu le reste de sa vie. Encre à l'épreuve. Voilà du sucre en pain. Un médiocre emploi. Le tigre est féroce. Elle dénigre avec malignité. Ce nègre est bien malade. La campagne est belle. Je me résigne à la volonté de Dieu. Elle soigne un pauvre malade. La cigogne a un long bec. La laine de la vigogne est très-fine. Ma consigne est telle. Vivre en paix. Ce temple élevé attire les regards de tous les passants. Un peintre habile en décors. Campagne agréable. Fièvre intermitente. Ce livre est richement relié.

*Manière de faire l'élision des finales* ppe, ffe, ffle, ffre, lle, mme, nne, tte *et* rre *à la rencontre d'un mot commençant par une voyelle* (1).

| | |
|---|---|
| Na-p'ouvrée. | Nappe ouvrée. |
| Diè-p'en Normandie. | Dieppe en Normandie. |
| Phili-p'est gourmand. | Philippe est gourmand. |
| Envelo-p'épaisse. | Enveloppe épaisse. |
| Hou-p'à poudre. | Houppe à poudre. |
| Hu-p'inquiète. | Huppe inquiète. |
| Grè-f'en flûte. | Greffe en flûte. |
| Chi-f'à vendre. | Chiffe à vendre. |
| Eto-f'élégante. | Etoffe élégante. |
| Tou-f'argentine. | Touffe argentine. |
| Sou-fl'impétueux. | Souffle impétueux. |
| Je chi-fr'une dépêche. | Je chiffre une dépêche. |
| O-fr'avantageuse. | Offre avantageuse. |
| Ha-l'au blé. | Halle au blé. |
| Chapè-l'ardente. | Chapelle ardente. |
| La vi-l'est bonne. | La ville est bonne. |
| Fla-m'éternelle. | Flamme éternelle. |
| La so-m'est forte. | La somme est forte. |
| Po-m'épineuse. | Pomme épineuse. |
| Magiciè-n'étonnante. | Magicienne étonnante. |
| Ici, la ma-n'abonde. | Ici, la manne abonde. |
| Colo-n'itinéraire. | Colonne itinéraire. |
| Dè-t'exigible. | Dette exigible. |

(1) Lorsque l'*e* muet final d'un mot est précédé de deux consonnes de même nature, on n'en prononce qu'une. Toutefois le *r* doublé devra être articulé d'une manière un peu plus forte que le *r* non doublé, ainsi les finales *arre, erre* dans *barre* et *guerre* se-

| | |
|---|---|
| Flo-t'anglaise. | Flotte anglaise. |
| Marmo-t'engourdie. | Marmotte engourdie. |
| Baga-rr'épouvantable. | Bagarre épouvantable. |
| Vè-rr'à boire. | Verre à boire. |
| Guè-rr'éternelle. | Guerre éternelle. |

### EXERCICE.

Bernard greffe un prunier. La truffe est recherchée. Avez-vous de la gomme arabique à me vendre? Colette a une bonne idée. Etienne a reçu une nouvelle agréable. Ce gouffre est profond. Cette griffe imite bien la signature de mon père. Elle souffre avec résignation. Repasser le buffle à quelqu'un. Le vent souffle ici de tout côté. Mon coffre est vide. Paulin siffle une gavotte. Etre sage comme une image. Une couronne embaumée. Une charrette embourbée. Une guerre affreuse. Un tintamarre épouvantable. Elle narre assez bien. Elle flatte avec finesse. On démarre un navire. Ce parterre est planté de beaux buis. Mademoiselle Augusta est très-pieuse. Elle échappe au danger. On frappe à la porte.

*Manière de faire l'élision des finales* aille, eille, ille, euille *et* ouille *à la rencontre d'un mot commençant par une voyelle* (1).

| | |
|---|---|
| Batai-lliacharnée. | Bataille acharnée. |
| Futa-llian botte. | Futaille en botte. |

---

ront prononcées avec plus d'insistance que celles de *arc* et *ère* dans *avare* et *guère.*

(1) La prononciation de *l* mouillé ne peut être figurée par l'écriture. Ce son qui est doux, délicat et agréable à l'oreille doit être enseigné, par les maîtres, aux élèves qui ne sont point habitués à le prononcer dès leur enfance.

| | |
|---|---|
| Ta-lliélégante. | Taille élégante. |
| Ba-llià brè. | Baille à brai. |
| Bata-llià revers. | Bataille à revers. |
| Abè-lliouvrière. | Abeille ouvrière. |
| Boutè-llià barbe. | Bouteille à barbe. |
| Boutè-llian verre. | Bouteille en verre. |
| Corbè-llianjolivée. | Corbeille enjolivée. |
| Oré-lliulcérée. | Oreille ulcérée. |
| Fi-lliunique. | Fille unique. |
| Fami-llindigente. | Famille indigente. |
| Vri-llian fer | Vrille en fer. |
| Aigui-lliélectrique | Aiguille électrique. |
| Chevi-lliouvrière. | Cheville ouvrière. |
| Fami-llianciennc. | Famille ancienne. |
| Feu-lliargentée. | Feuille argentée. |
| Grenou-lliéffrayée. | Grenouille effrayée. |
| Citrou-lliénorme. | Citrouille énorme. |

## EXERCICE.

J'ai obtenu une médaille en cuivre. Elle empaille un corbeau. Alexandre travaille en chambre. Cette muraille est solide. Il le tiraille avec violence. Je bâille à chaque instant. Eveille Auguste. Thècle a une oreille enflée. Edme veille un malade. Valéri sommeille un peu. L'oseille est bonne à manger. Ma famille est pauvre. Ma belle-fille est douce. Voilà une fille obéissante. Je vais marier ma fille aînée. J'ai une mantille à la mode. Cueille un bouquet. L'odeur du chèvre-feuille est suave. Elle se brouille en parlant. Il bredouille un peu. Le coassement de la grenouille importune. Il débrouille une affaire. J'ai rencontré la patrouille à la barrière. Isidore a laissé toute sa dépouille à son domestique.

*De l'e muet final précédé d'une voyelle à la rencontre d'un mot commençant par une voyelle (1).*

Les syllabes finales en ée, ie, ue, eue, oue, aie, oie (2), uie se prononcent *ê, î, û, eû, oû, ê, ouâ, uî.*

| | |
|---|---|
| Idê obscure. | Idée obscure. |
| Fê enchanteresse. | Fée enchanteresse. |
| Assemblê électorale. | Assemblée électorale. |
| Souarê agréable. | Soirée agréable. |
| Comédî ancienne. | Comédie ancienne. |
| Perfidî atroce. | Perfidie atroce. |
| Économî animale. | Économie animale. |
| Coloni anglaise. | Colonie anglaise. |
| Prairî artificielle. | Prairie artificielle. |
| Statû équestre. | Statue équestre. |
| Vû étendue. | Vue étendue. |
| Rû étroite. | Rue étroite. |
| Keû aiguë. | Queue aiguë. |
| Lieû anglaise. | Lieue anglaise. |
| Joû enflê. | Joue enflée. |
| Roû à vapeur. | Roue à vapeur. |
| Monê idéale. | Monnaie idéale. |
| Jouâ immodérê. | Joie immodérée. |
| Souâ en moches. | Soie en moches. |
| Fuî en briques. | Fuie en briques. |

---

(1) *E* muet final rend longue la voyelle qui le précède. Cette voyelle allongée sera prononcée de manière que l'expiration du son s'unisse sans choc et sans heurtement à la voyelle suivante.

(2) La diphtongue *oi* se prononce partout *oua*, seulement elle est assujétie aux règles de la quantité.

2

## EXERCICE.

L'épée use le fourreau. Mélibée était fille de l'océan. Eubée éleva Junon. Elle est décidée à venir. Orphée était fils d'Apollon et de Clio. L'assemblée était nombreuse. La traversée a été pénible. La rosée est salutaire aux plantes. Tobie ensevélissait les morts. Sa maladie est dangereuse. Elle remédie à tout. Elle étudie une tragédie en vers. Il se fie à sa sœur. Il se réfugie où il peut. Sa magie étonne. Je scie une bûche de bois. Elle est d'une modestie exemplaire. Il n'existe pas de sympathie entre eux. Il mènera une vie errante. Une source infectée infecte les ruisseaux. Justine a été mordue à la jambe. Je serai reconnue à l'instant. Monique est devenue idiote. La retenue est bonne partout. Le corps de la tortue est couvert d'une écaille dure. Faire la queue à quelqu'un. Je noue un ruban. La rue est pleine d'une boue infecte. Elle est venue avec sa mère. Donner la baie à quelqu'un. Elle est d'une joie extrême. Cécile a été retenue à la maison. La bonne voie est celle qui est juste. Être en proie à la médisance.

*Manière de faire l'élision des mots terminés par un e muet à la rencontre d'un h non aspiré (1).*

### Du H muet.

| | |
|---|---|
| Bra-v'omme. | Brave homme. |
| Ho-m'abile. | Homme habile. |

---

(1) La lettre *h* est muette ou aspirée : Elle est muette, lorsqu'elle est nulle dans la prononciation et que la liaison et l'élision s'opèrent à sa rencontre, comme à celle des mots commençant par une voyelle. Ainsi, les mots : savant homme, brave homme doivent se

| | |
|---|---|
| Dou-ç'armonie. | Douce harmonie. |
| Vi-ç'orrible. | Vice horrible. |
| U-n'écatombe. | Une hécatombe. |
| U-n'olocauste. | Une holocauste. |
| Orgu'idraulique. | Orgue hydraulique. |
| Postu-r'iperbolique. | Posture hyperbolique. |
| Prin-ç'umain. | Prince humain. |
| Triom-f'éroïque. | Triomphe héroïque. |

### EXERCICE.

Elle a une bonne habitude. Grande héroïne. Quatre heures. Entre quatre hérétiques. Un domestique honnête. Une vaste habitation. Cette hèche est courte. Cette herbe est vénéneuse. Mon père hésite de s'y rendre. J'ai vu une jeune hyène. Une hirondelle ne fait pas le printemps. Quelle histoire nous faites-vous là ? Il faut toujours rendre hommage à la vérité. J'ai reçu mille honnêtetés de sa famille. Voilà une belle horloge. J'ai lu l'histoire de la reine Hortense. Il joue comme une huître. Elle est de mauvaise humeur. Cette étoffe habille bien. Voilà un terrible homme.

prononcer: *savan-t'omme, bra-v'omme,* comme si le *h* n'existait pas dans le mot *homme.*

Elle est aspirée quand elle empêche l'élision ou la liaison du mot qui la précède avec la voyelle qui la suit. *Ex.:* le hameau, des hameaux, prononcez le | hameau, dès | hameaux.

Nous ferons observer que, lorsque deux voyelles appartenant au même mot ou à deux mots différents, sont séparées par un *h* aspiré, elles se prononcent de même que si le *h* n'y était pas: Ainsi les mots aheurtement, déharnacher, la hutte, la hauteur, Aimé herse devront être prononcés : *aeurtement, déarnacher, la utte, la auteur, Aimé erse,* sans aspiration, car c'est s'exprimer avec emphase que de prononcer fortement du fond du gosier les voyelles précédées d'un h aspiré.

## Du H aspiré (1).

| | |
|---|---|
| Une \| haie. | Une haie. |
| Une \| hallebarde. | Une hallebarde. |
| Un \| hameau. | Un hameau. |
| Dès \| hameaux. | Des hameaux. |
| Dès \| haricots. | Des haricots. |
| Ce \| hangar. | Ce hangar. |
| Le \| hanneton. | Le hanneton. |
| Une \| haquenée. | Une haquenée. |
| Oh ! le \| harangueur. | Oh ! le harangueur. |
| Une \| harengade. | Une harengade. |
| Une \| harpie. | Une harpie. |
| Je me \| hâte. | Je me hâte. |
| Le \| Havre. | Le Havre. |
| Un \| havresac. | Un havresac. |
| O pauvre \| hère. | O pauvre hère. |
| Un \| hérisson. | Un hérisson. |
| Le \| héros. | Le héros. |
| Je \| herse. | Je herse. |
| Un \| heurt. | Un heurt. |

### EXERCICE.

Elle est hideuse. Le hochequeue vole. J'ai vu une horde de sauvages. Cette statue est faite à coups de hache. Je hache de la paille. On le hacherait qu'il ne céderait pas. Homme hagard. Elle conserve une vieille haine. Voilà une belle hure. J'ai préparé une bonne halte. Balbine a trop de hanches. Elle est d'une con-

---

(1) Voir la note de la page 19.

tenance hardie. Ce tableau est d'une grande hardiesse de pinceau. Voilà un bon cheval de harnais. Le hasard fait, la fortune veut, le sort décide, le destin ordonne. Leufroi marche la tête haute. Elle avait brelan de huit.

Le | onze janvier. De | onze que nous partîmes, je suis retourné seul. Elles ne sont que | onze. Ce | oui est forcé. J'ai eu le | onzième numéro.

Renvoie-le | à ses parents. Renvoyez-le | à ses parents. Rends-le | à sa mère. Rendez-le | à sa mère. Conduis-le | en ville. Conduisez-le | en ville. Lis-le | attentivement. Lisez-le | attentivement (1).

---

# DE LA LIAISON.

---

## PARTIE DU MAITRE.

---

### Observations Générales.

Pour lier une consonne finale avec une voyelle initiale, il faut détacher la consonne qui termine

---

(1) L'*e* final des monosyllabes *de*, *que*, *ce* et *le* ne s'élide jamais devant les mots *onze*, *onzième* et *oui*, ainsi que celui du pronom *le* quand il est immédiatement placé après un verbe à l'impératif et que le mot suivant commence par une voyelle ou un *h* non aspiré.

le mot et la joindre avec la voyelle ou le *h* muet qui commence le mot suivant, comme si ces deux lettres appartenaient à la même syllabe.

EXEMPLES :

| | |
|---|---|
| Mo-n'âme. | Mon âme. |
| Chè-f'abile. | Chef habile. |
| Eternè-l'adieu. | Eternel adieu. |
| Souveni-r'agréable. | Souvenir agréable. |
| So-t'enfant. | Sot enfant. |
| Deu-z'omes. | Deux hommes. |

Les mots terminés par une consonne sonore se lient à la rencontre de tout mot commençant par une voyelle ou un *h* muet.

EXEMPLES :

| | |
|---|---|
| Jo-b'étendu sur le fumier. | Job étendu sur le fumier. |
| Aka-b'est mort. | Achab est mort. |
| Un cè-p'enté. | Un cep enté (1). |
| Chè-f'intrépide. | Chef intrépide. |
| Cheva-l'ardent. | Cheval ardent. |
| Cha-r'élégant. | Char élégant. |
| Pria-m'égorgé. | Priam égorgé. |

En général les noms substantifs terminés au singulier par une consonne sourde, ne se lient point à la rencontre d'un verbe commençant par une voyelle ou un *h* muet.

---

(1) *P* dans *cep* est muet lorsqu'il est suivi d'une consonne : cep tortu, cep de vigne. (*cé tortu, cé de vigne*).

**EXEMPLES :**

L'abcès | est ouvert (1). La paix | est conclue. Paris | est la plus belle ville du monde. Ce marchand | achète un peu de tout. Bordeaux | était la capitale de toute la Guienne. Gontrand | ignore cette nouvelle. Ce pont | incline du côté nord. Reynaud | habite sous une tente. Son esprit | était sérieux. Le sot | est comme le peuple, il se croit riche de peu..

Les sons nasals perdent à la liaison leur nasalité.

**EXEMPLES ·**

| | |
|---|---|
| Bo-n'époux. | Bon époux, |
| Mo-n'ami. | Mon ami. |
| Anciè-n'ami. | Ancien ami. |
| Eu-n'an. | Un an (2). |

Au lieu de bon-n'époux, mon-n'ami, son-n'amour, ancien-n'ami, un-n'an, comme l'enseignent plusieurs grammairiens.

REMARQUE. — La prononciation qui résulte de cette double nasalité est non-seulement pénible, mais elle est encore désagréable et dure.

----

(1) **M**. Littré dit que dans la lecture soutenue le *s* final du mot *abcès*, employé au singulier, se lie à la rencontre d'un verbe commençant par une voyelle : (*l'ab-sé-zest ouvert*). Les liaisons de ce genre seraient, selon nous, défectueuses à la chaire, au barreau et au théâtre.

(2) *U* se change en *eu* dans les finales en *un* soumises aux règles de la liaison; ainsi, commun appui, aucun intérêt, un homme, se prononcent *comeu n'appui, aukeu n'intérêt, eu n'ome.*

La liaison d'une consonne finale avec une voyelle initiale ou un *h* muet, n'est de rigueur qu'entre deux mots dont l'un est qualifié, régi ou modifié par l'autre, tels sont :

1° Les substantifs suivis de leurs adjectifs.

EXEMPLES :

| | |
|---|---|
| Un so-t'envieux. | Un sot envieux. |
| Ministre-z'inflexibles. | Ministres inflexibles. |
| Un fron-t'austère. | Un front austère. |

2° Les adjectifs suivis de leurs substantifs.

EXEMPLES :

| | |
|---|---|
| Fran-k'arbitre. | Franc arbitre. |
| Sain-t'Augustin. | Saint-Augustin. |
| Bo-n'ome. | Bon homme. |

3° Les articles suivis de leurs substantifs.

EXEMPLES :

| | |
|---|---|
| Dè-z'oranges. | Des oranges. |
| Dè-z'érétiques. | Des hérétiques. |
| O-z'oiseaux du ciel. | Aux oiseaux du ciel. |

4° Les adjectifs possessifs suivis de leurs substantifs ou d'autres adjectifs, et les pronoms placés devant un verbe.

EXEMPLES :

| | |
|---|---|
| Mo-n'ami. | Mon ami. |
| To-n'abit. | Ton habit. |

| | |
|---|---|
| So-n'âme. | Son âme. |
| No-z'enfants. | Nos enfants. |
| No-z'anciens camarades. | Nos anciens camarades. |
| Sè-z'illustres parents. | Ses illustres parents. |
| Je lè-z'aperçois. | Je les aperçois. |
| I-l'était malade. | Il était malade. |

5° Les adverbes suivis d'un adjectif, ou d'un verbe, ou d'un autre adverbe.

Les adverbes placés entre l'auxiliaire et le participe dans les temps des verbes, se lient aussi.

EXEMPLES :

| | |
|---|---|
| For-t'inquiet. | Fort inquiet. |
| Trè-z'indulgent. | Très-indulgent. |
| Tro-p'est trop. | Trop est trop. |
| Quan-t'on partit. | Quand on partit. |
| Biè-n'examiner. | Bien examiner. |
| Biè-n'inférieurement. | Bien inférieurement, |
| I-l'a biè-n'exécuté vos ordres. | Il a bien exécuté vos ordres. |
| Cè-z'enfants sont tendre-man-t'aimés. | Ces enfants sont tendre-ment aimés. |

6° Les noms de nombre suivis d'un mot commençant par une voyelle ou un *h* muet.

EXEMPLES :

| | |
|---|---|
| Cin-k'omes. | Cinq hommes. |
| Troi-z'enfants. | Trois enfants. |
| Deu-z'esclaves. | Deux esclaves. |

Eu-n'abricot.          Un abricot.
Vin-t'officiers.       Vingt officiers.

Observez que les lettres *d*, *c*, *ch*, *g*, *q*, *s* et *x* se changent à la liaison, savoir :

*D* en *t*; *c*, *ch*, *g* et *q* en *k*; *s* et *x* en *z*.

Les lettres *d* et *ch* conservent néanmoins, dans certains cas, leur prononciation naturelle. Nous ferons connaître les différentes prononciations de chacune de ces lettres, dans les détails qui vont suivre.

Une pause quelconque indiquée ou non par un signe de ponctuation interdit, dans la lecture, toute liaison entre la consonne finale d'un mot et la voyelle initiale du mot suivant.

**EXEMPLES :**

Ils viendront à vous avec une multitude de roues et de chariots, | avec une foule de peuples, | et ils vous attaqueront de toutes parts, | étant armés de cuirasses, de boucliers et de casques.

Peuples, obéissez aux lois.

On voyait ces serpents se raccourcir, se baisser, se relever, | et tous les deux | en même temps s'éviter | en cherchant à s'entre-déchirer.

Ainsi dans les exemples qui précèdent les lettres finales des mots *chariots*, *peuples*, *parts* dans le premier exemple et *peuples* dans le second, ne doivent point former liaison avec les voyelles initiales des mots qui les suivent, parce que ces mots sont séparés par un signe de ponctuation, et les mots *deux* et *s'éviter*, dans le troisième exemple, ne doivent pas non plus se lier aux voyelles suivantes, parce que dans la lecture, il faut séparer ces mots par une légère pause, quoiqu'elle ne soit point indiquée par une virgule.

A la liaison il faut prononcer les consonnes finales comme on les prononce dans le corps des mots.

N'ayant pu classer dans les observations qui précèdent toutes les règles de principe et les exceptions qu'elles comportent, nous tâcherons de les fixer dans notre traité sur la liaison des mots entre eux.

Nous commencerons par les sons nasals dont les liaisons, entre les consonnes finales et les voyelles initiales des mots suivants, exercent une si grande influence sur la prononciation de notre langue.

Nous poursuivrons ensuite notre examen sur toutes les consonnes de notre alphabet, dans les différentes terminaisons des mots de notre langue, en faisant connaître celles qui sont soumises aux liaisons et celles que l'usage rejette.

*Des sons nasals à la rencontre d'une voyelle ou d'un h muet.*

RÈGLE. — En général les sons nasals à la fin des

mots ne se lient point à la rencontre d'une voyelle, ni d'un *h* muet.



Cadran | oriental. Vin | émétique. Charbon | animal. Occasion | opportune. Maison | habitable. Tribun | audacieux. Examen | indispensable.

## EXCEPTIONS.

**1ʳᵉ RÈGLE.** — Liez le *n* final des adjectifs suivis de leurs substantifs commençant par une voyelle ou un *h* muet.



Bo-n'espoir.              Bon espoir.
Mo-n'âme.                 Mon âme.
Certai-n'ome.            Certain homme.
Comeu-n'ami.            Commun ami.
Divi-n'enfant.           Divin enfant.

**NOTA.** — Les adjectifs terminés en *in*, qui font *igne* au féminin au lieu de *ine*, ne se lient point à la rencontre d'un substantif commençant par une voyelle ou un *h* non aspiré. Ainsi, on devra dire, sans liaison, malin | esprit, bénin | enfant.

Quelques grammairiens conseillent cependant de prononcer *malin n'esprit, bénin n'enfant.*

A notre avis, cette manière de prononcer est non seulement dure, mais encore désagréable à l'oreille.

**2ᵉ RÈGLE.** — *N* sonore à la fin d'un mot se lie

sans exception à la rencontre de tout mot commençant par une voyelle ou un *h* muet.

EXEMPLES :

| | |
|---|---|
| Abdomè-n'enflé. | Abdomen enflé. |
| Hymè-n'eureux. | Hymen heureux. |

Il y a certains mots qui, suivant leur significa-
tion ou la place qu'ils occupent dans la phrase, sont
soumis à la liaison ou en sont rejetés.

1° Les pronoms *en*, *on*, placés avant le verbe, se
lient ; mais, placés après lui, ils ne se lient pas.

EXEMPLES

*des pronoms placés avant le verbe :*

| | |
|---|---|
| A qui a-n'avez-vous parlé ? | A qui en avez-vous parlé ? |
| O-n'adore Dieu. | On adore Dieu. |

EXEMPLES

*des pronoms placés après le verbe :*

| | |
|---|---|
| Parlè-z'en \| à sa famille. | Parlez-en à sa famille. |
| Cédez-m'en \| un peu. | Cédez-m'en un peu. |
| Ira-t-on \| à la campagne ? | Ira-t-on à la campagne ? |
| Doi-t'on \| instruire l'affaire ? | Doit-on instruire l'affaire ? |

1re *Note*. — *Y* placé entre le pronom et le verbe
ne change rien à la règle précédente.

### EXEMPLES :

O-n'y élève des chevaux.    On y élève des chevaux.
Là, o-n'y trouve le repos.    Là, on y trouve le repos.

2<sup>e</sup> *Note.* — Le pronom *on* placé après le verbe et immédiatement suivi de l'auxiliaire *être* au présent de l'infinitif se lie aussi.

### EXEMPLES :

Où peut-o'n'être mieux.    Où peut-on être mieux.
Doit-o'n'être indifférent.    Doit-on être indifférent.

2° La préposition *en* se lie à la rencontre de tout mot commençant par une voyelle ou un *h* muet.

### EXEMPLES :

A-n'été.    En été.
A-n'Europe.    En Europe.
A-n'un moment.    En un moment.
Fertile a-n'excellent vin.    Fertile en excellent vin.
A-n'étudiant.    En étudiant.
A-n'y travaillant.    En y travaillant.

3° Le mot *bien*, employé comme adverbe et comme explétif, se lie ; mais employé comme substantif, il ne se lie pas.

### EXEMPLES

*du mot* bien *employé comme adverbe et comme explétif :*

Biè-n'avantageux.    Bien avantageux.
Biè-n'utile.    Bien utile.

Être biè-n'ensemble.     Être bien ensemble.
Il faut biè-n'y consentir     Il faut bien y consentir.

### EXEMPLES

*du mot* bien *employé comme substantif :*

Le bien | et le mal     Le bien et le mal.
Un bien | engagé.     Un bien engagé.
Un bien | hypothéqué.     Un bien hypothéqué.

4° Le mot *rien* se lie lorsqu'il est immédiatement suivi d'un adjectif, d'un verbe ou d'un adverbe qu'il modifie ; mais, il ne se lie pas, si le mot qui le suit n'a pas avec lui un rapport direct et nécessaire.

### EXEMPLES

*sur le mot* rien *soumis à la liaison :*

Il n'a riè-n'entendu.     Il n'a rien entendu.
Elle n'a riè-n'appris.     Elle n'a rien appris.
Elle n'a riè-n'à faire.     Elle n'a rien à faire.

### EXEMPLES

*sur le mot* rien *non soumis à la liaison :*

Elle n'a rien | au monde.     Elle n'a rien au monde.
Un rien | a failli le     Un rien a failli le
    perdre.               perdre.
N'offrez rien | à cette     N'offrez rien à cette
    femme.               femme.

5° La particule *non* se lie lorsqu'elle est immédiatement placée devant un adjectif qu'elle affecte.

### EXEMPLES

| | |
|---|---|
| Une chose no-n'arrêtée. | Une chose non arrêtée. |
| Un passage no-n'inter-<br>rompu. | Un passage non inter-<br>rompu. |

Hors ce cas, la liaison n'a pas lieu.

*Ex.* : Elle m'a répondu un non ǀ assez sec.

6° Le mot *un* suivi d'un adverbe ou d'un substantif, précédé ou non précédé d'un ou de plusieurs
adjectifs se lie ; mais, il ne se lie point, s'il est suivi
de tout autre mot commençant par une voyelle ou
un *h* muet.

### EXEMPLES

*sur le mot* un *soumis à la liaison :*

| | |
|---|---|
| Eu-n'assez grand nom-<br>bre de soldats. | Un assez grand nom-<br>bre de soldats. |
| Eu-n'ami | Un ami. |
| Eu-n'excellent livre. | Un excellent livre. |
| Eu-n'intime et fidèle ami. | Un intime et fidèle ami. |
| Nous sommes menacés<br>d'eu-n'orage. | Nous sommes menacés<br>d'un orage. |

### EXEMPLES

*sur le mot* un *non soumis à la liaison :*

| | |
|---|---|
| Un ǀ à un. | Un à un. |

Le mot *un* précédé de l'article *le* ne se lie pas

**EXEMPLES :**

| | |
|---|---|
| L'un \| ou l'autre. | L'un ou l'autre. |
| L'un \| après l'autre. | L'un après l'autre. |
| L'un \| et l'autre. | L'un et l'autre. |
| L'un \| habite la ville et l'autre la campagne. | L'un habite la ville et l'autre la campagne. |

Certains mots étant par position soumis à la liaison ou en étant rejetés, nous diviserons nos exercices en mots qui se lient à la rencontre d'une voyelle ou d'un *h* muet, et en mots qui ne souffrent pas de liaison.

---

PARTIE DE L'ÉLÈVE.

---

*Des mots terminés par un des sons nasals* an, ean, aon, en *son* an — in, ain, ein — on, ion, oin, ouin *et* un (1).

| | |
|---|---|
| Charlatan \| impudent. | Charlatan impudent. |
| Encan \| autorisé. | Encan autorisé. |
| Volcan \| en feu. | Volcan en feu. |
| Plan \| achevé. | Plan achevé. |
| L'Océan \| agité. | L'Océan agité. |
| Courtisan \| astucieux. | Courtisan astucieux. |

---

(1) Voir page 27. RÈGLE. — En général les sons nasals etc.

| | |
|---|---|
| Un vétéran \| infirme. | Un vétéran infirme. |
| An \| et jour (1). | An et jour. |
| Saint-Jean \| évangéliste. | Saint-Jean évangéliste. |
| Un fan \| allaité par sa mère. | Un faon allaité par sa mère. |
| Lan \| est chef-lieu de préfecture. | Laon est chef-lieu de préfecture. |
| Un pan \| importun par ses cris. | Un paon importun par ses cris. |
| Rouan \| en Normandie. | Rouen en Normandie. |
| Le château d'Ecouan \| est magnifique. | Le château d'Ecouen est magnifique. |
| La ville de Can \| a un musée. | La ville de Caen a un musée. |
| Donnez-m'en \| un peu. | Donnez-m'en un peu. |
| Cédez-m'en \| un morceau. | Cédez-m'en un morceau. |
| Va-t-en \| à la maison. | Va-t-en à la maison. |
| Arlequin \| amusant. | Arlequin amusant. |
| Chemin \| étroit. | Chemin étroit. |
| Magasin \| achalandé. | Magasin achalandé. |
| Vin \| exquis. | Vin exquis. |
| Moulin \| à vent. | Moulin à vent. |
| Voisin \| importun. | Voisin importun. |
| Enclin \| au mal. | Enclin au mal. |
| Du matin \| au soir. | Du matin au soir. |
| Malin \| esprit. | Malin esprit. |
| Malin \| enfant. | Malin enfant. |
| Malin \| espiègle. | Malin espiègle. |
| Un souterrain \| immense. | Un souterrain immense. |
| Un nain \| effroyable. | Un nain effroyable. |

(1) Le mot *an* ne se lie jamais ; on dit : un an \| entier.

| | |
|---|---|
| Un climat lointain \| et doux. | Un climat lointain et doux. |
| Un gain \| assuré. | Un gain assuré. |
| Cela est certain \| et sûr. | Cela est certain et sûr. |
| Un bain \| aromatisé. | Un bain aromatisé. |
| Un dédain \| affreux. | Un dédain affreux. |
| Sain \| et sauf. | Sain et sauf. |
| Sein \| ulcéré. | Sein ulcéré. |
| Dessein \| extraordinaire. | Dessein extraordinaire. |
| Un dessein \| abominable. | Un dessein abominable. |
| Mettre un frein \| à ses passions. | Mettre un frein à ses passions. |
| Plein \| un panier. | Plein un panier |
| Elle a l'esprit serein \| et tranquille. | Elle a l'esprit serein et tranquille. |
| Balcon \| élevé. | Balcon élevé. |
| Vallon \| enfoncé. | Vallon enfoncé. |
| Bâton \| à girouette. | Bâton à girouette. |
| Vin bon \| à boire. | Vin bon à boire. |
| Raison \| orgueilleuse. | Raison orgueilleuse. |
| Cela est bon \| et beau. | Cela est bon et beau. |
| Un buisson \| ardent. | Un buisson ardent. |
| Don \| agréable. | Don agréable. |
| Charbon \| éteint. | Charbon éteint. |
| Un son \| aigu. | Un son aigu. |
| Ce salon \| est riche. | Ce salon est riche. |
| Pense-t-on \| à lui (1)? | Pense-t-on à lui? |
| Ira-t-on \| à la ville? | Ira-t-on à la ville? |
| Chantera-t-on \| au repas ? | Chantera-t-on au repas? |

---

(1) Voir page 29 les pronoms *en*, *on* placés etc.

| | |
|---|---|
| Doit-on \| aller chez mon père ? | Doit-on aller chez mon père ? |
| Commencera-t-on \| aujourd'hui ? | Commencera-t-on aujourd'hui ? |
| Le ton \| aiguillonne les bœufs. | Le taon aiguillonne les bœufs. |
| Elle m'a répondu un non \| assez sec. | Elle m'a répondu un non assez sec. |
| Omission \| involontaire. | Omission involontaire. |
| Conspiration \| atroce. | Conspiration atroce. |
| Nomination \| injuste. | Nomination injuste. |
| Une convention \| écrite. | Une convention écrite. |
| Une conspiration \| odieuse. | Une conspiration odieuse. |
| Une mention \| honorable. | Une mention honorable. |
| Un coin \| aigu. | Un coin aigu. |
| Recoin \| obscur. | Recoin obscur. |
| Sainfoin \| entassé. | Sainfoin entassé. |
| Un besoin \| urgent. | Un besoin urgent. |
| De loin \| en loin. | De loin en loin. |
| Un talapoin \| en prière. | Un talapoin en prière. |
| Un babouin \| horrible. | Un babouin horrible. |
| Un bédouin \| inconstant. | Un bédouin inconstant. |
| Un tribun \| éloquent. | Un tribun éloquent. |
| L'un \| et l'autre (1). | L'un et l'autre. |
| L'un \| ou l'autre. | L'un ou l'autre. |
| L'un \| après l'autre. | L'un après l'autre. |
| Elle n'a rien de commun \| avec vous. | Elle n'a rien de commun avec vous. |

---

(1) Voir page 32 le mot *un* précédé, etc.

| | |
|---|---|
| Quelqu'un ǀ a dit cela. | Quelqu'un a dit cela. |
| Un ǀ à un. | Un à un. |
| De l'un ǀ à l'autre. | De l'un à l'autre. |
| Que chacun ǀ exige le paiement. | Que chacun exige le paiement. |

*Des mots terminés en* en *et en* ien, *son én* (1).

| | |
|---|---|
| Examén ǀ indispensable. | Examen indispensable. |
| Vendéén ǀ intrépide. | Vendéen intrépide. |
| Chaldéén ǀ instruit. | Chaldéen instruit. |
| Européén ǀ industrieux. | Européen industrieux. |
| Cananéén ǀ effrayé. | Cananéen effrayé. |
| Galiléén ǀ officieux· | Galiléen officieux. |
| Nazaréén ǀ accusé. | Nazaréen accusé. |
| Saducéén ǀ irrité. | Saducéen irrité. |
| Un bién ǀ imaginaire. | Un bien imaginaire. |
| Un bién ǀ hypothéqué. | Un bien hypothéqué. |
| Bién ǀ à vendre. | Bien à vendre. |
| Le bién ǀ et le mal. | Le bien et le mal. |
| Le tién ǀ et le mien. | Le tien et le mien. |
| Un moyén ǀ efficace. | Un moyen efficace. |

---

(1) Plusieurs grammairiens pensent que les terminaisons en *en* et en *ien* doivent sonner comme celles qui sont en *in* et en *iin*. A notre avis c'est une erreur contre laquelle nous croyons devoir prémunir le lecteur.

Comme il existe entre ces deux sons une différence assez sensible, voici la règle que nous proposons à cet égard :

Les mots terminés en *en* et en *ien* sans consonne à leur suite prendront la nasalité de *én* et de *ién* avec le son de l'*é* et non avec celui de l'*i*.

Ainsi, on prononcera *citoyén, moyén, Iduméén, examén, chién, tién, mién* et non pas *citoyin, moyin, Iduméin, examin, chiin, tiin, miin.*

| | |
|---|---|
| Un musicién \| habile. | Un musicien habile. |
| Maintién \| embarrassé. | Maintien embarrassé. |
| Un chién \| affamé. | Un chien affamé. |
| Adrién \| est sorti. | Adrien est sorti. |
| Un lién \| indissoluble. | Un lien indissoluble. |
| Un gardién \| infidèle. | Un gardien infidèle. |
| Académicién \| instruit. | Académicien instruit. |
| Comédién \| ordinaire. | Comédien ordinaire. |
| Elle n'a rién \| au monde. | Elle n'a rien au monde. |
| Un rién \| a failli le per-<br>dre. | Un rien a failli le per-<br>dre. |
| Ce rién \| a de l'attrait<br>pour moi. | Ce rien a de l'attrait pour<br>moi. |
| N'offrez rién \| à ma mère. | N'offrez rien à ma mère. |

### EXERCICE.

L'Océan environne la terre. La ville de Laon est bâtie sur les ruines de l'ancienne Bibrax. Le vin échauffe le courage. Chacun est l'artisan de sa fortune. Je n'ai rien de commun avec lui. Prenez quelqu'un à témoin. Quelqu'un a-t-il jamais douté de l'existence de Dieu? Il faut que chacun ait ce qui lui appartient. Le jugement sera déclaré commun entre les deux parties. Lui élèvera-t-on un obélisque? Demandez pardon à Dieu de vos péchés. L'arbre de la science du bien et du mal. Combien estimez-vous sa maison? Va-t-en avec lui. Elle parlait bien et à-propos. Elle ne voyait rien et n'entendait rien non plus. Sera-t-on ici pour longtemps? A-t-on eu soin de le lui dire? Donne-lui l'un ou l'autre, qu'importe. L'un aime le vin et l'autre le jeu. Cela est certain et indubitable. Un faon encore jeune. Mettre fin à une aventure. Un médecin expérimenté. Un chirurgien habile. Une action atroce. Une ambition inquiète. Un baragouin inintelligible. Un témoin irréprochable. Une superstition aveugle. Croit-on à de pareils bruits? Peut-on ainsi tourmenter les gens? Chacun à l'envi racontait ses vertus. Ce passage est commun aux gens de la maison. Si quelqu'un intéresse, c'est bien lui. O que ce lointain est beau! Fais le bien en tout temps. Mettre un frein à sa cupidité. On lui perça le sein avec ce poignard.

*Des mots terminés par un des sons nasals* in, ain, ein, ien, on, un *et* en, *son* an *et* en, *son* ène *et manière de les lier à la rencontre d'une voyelle ou d'un* h *muet* (1).

| | |
|---|---|
| Divi-n'amour. | Divin amour. |
| Divi-n'enfant. | Divin enfant. |
| Vai-n'obstacle. | Vain obstacle. |
| Un certai-n'homme. | Un certain homme. |
| Souverai-n'être. | Souverain être. |
| Lointai-n'avenir. | Lointain avenir. |
| Un vilai-n'homme. | Un vilain homme. |
| Un vai-n'espoir. | Un vain espoir. |
| Un certai-n'air. | Un certain air. |
| Le prochai-n'hiver. | Le prochain hiver. |
| Un soudai-n'obstacle. | Un soudain obstacle. |
| En plei-n'été. | En plein été. |
| En plei-n'air. | En plein air. |
| En plei-n'hiver. | En plein hiver. |
| Ancié-n'ami. | Ancien ami. |
| Ancié-n'hôte. | Ancien hôte. |

---

(1) Voir pages 28, 29, 30, 31 et 32.

| | |
|---|---|
| Ancié-n'évêque. | Ancien évêque. |
| Bié-n'utile. | Bien utile. |
| Bié-n'avantageux. | Bien avantageux. |
| Bié-n'incommode. | Bien incommode. |
| Bié-n'écrire. | Bien écrire. |
| Bié-n'ironiquement. | Bien ironiquement. |
| Elle n'a rié-n'à faire. | Elle n'a rien à faire. |
| Mo-n'ami. | Mon ami. |
| Mo-n'âme. | Mon âme. |
| So-n'écharpe. | Son écharpe. |
| So-n'illustre ami. | Son illustre ami. |
| So-n'ancien camarade. | Son ancien camarade. |
| To-n'habit. | Ton habit. |
| O-n'évite les méchants. | On évite les méchants. |
| O-n'assiste les malades. | On assiste les malades. |
| O-n'aime Dieu. | On aime Dieu. |
| O-n'exerce sa mémoire. | On exerce sa mémoire. |
| O-n'y chante. | On y chante. |
| O-n'y pleure. | On y pleure. |
| O-n'y rit. | On y rit. |
| Une chose no-n'arrêtée. | Une chose non arrêtée. |
| Un passage no-n'intercepté. | Un passage non intercepté. |
| Peut-o-n'être avare à ce point? | Peut-on être avare à ce point? |
| Peut-o-n'être ainsi ingrat? | Peut-on être ainsi ingrat? |
| Peut-o-n'être plus sage que lui.? | Peut-on être plus sage que lui? |
| Aukeu-n'intérêt. | Aucun intérêt. |
| Aukeu-n'avantage. | Aucun avantage. |
| Aukeu-n'emploi. | Aucun emploi. |

| | |
|---|---|
| Comeu-n'appui. | Commun appui. |
| Comeu-n'exercice. | Commun exercice. |
| Eu-n'abricotier. | Un abricotier. |
| Eu-n'écolier. | Un écolier. |
| Eu-n'insecte. | Un insecte. |
| Eu-n'excellent livre. | Un excellent livre. |
| A-n'iver. | En hiver. |
| A-n'été. | En été. |
| A-n'affaire. | En affaire. |
| A-n'oraison. | En oraison. |
| A qui a-n'avez-vous parlé ? | A qui en avez-vous parlé ? |
| Elle a-n'est venue à ce point. | Elle en est venue à ce point. |
| Elle a-n'est logée là. | Elle en est logée là. |
| A-n'y travaillant. | En y travaillant. |
| A-n'aimant. | En aimant. |
| Cérumè-n'épais. | Cérumen épais. |
| Hymè-n'heureux. | Hymen heureux. |
| Abdomè-n'enflé. | Abdomen enflé. |

### EXERCICE.

Elle est bien au-dessus de cela. Bien avare. Elle est bien appliquée à son travail. Vivre bien ensemble. Il faut bien y consentir. Je n'ai rien à faire. Il n'a rien omis. Elle n'a rien entendu. Ton oriflamme. Son amour pour Dieu. Son espoir. Bon époux. Ton étui. Ton inquiétude est grande. On adore Dieu. On honore les saints. Où peut-on être mieux qu'au sein de sa famille? Considérez cela comme non avenu. Cela est non équivoque. Un passage non interrompu. Un an. Un hiver rigoureux. Un homme doit savoir supporter l'adversité. Un ancien et bon camarade. Un antique et superbe château. Hymen affreux. Dire amen à tout. J'ai voyagé en Europe, en Asie, en Afrique et jusqu'en Amérique. Elle m'en a cédé un peu. Avez-vous de l'argent? J'en ai. Elle s'en ira demain. On y agitera la colère, en y agitant la question. En y atténuant sa peine. Fidèle en apparence.

### De la liaison du M.

1° *Des mots terminés par* am, em, im, om *et* um *soumis à la liaison et manière de les lier à la rencontre d'une voyelle ou d'un* h *muet* (1).

| | |
|---|---|
| Abraha-m'obéissant. | Abraham obéissant. |
| Jéroboa-m'idolâtre. | Jéroboam idolâtre. |
| Pria-m'égorgé. | Priam égorgé. |
| Roboa-m'abandonné. | Roboam abandonné. |
| Le sala-m'oriental se rapproche du corindon. | Le salam oriental se rapproche du corindon. |
| Le climat de Sia-m'est très-chaud. | Le climat de Siam est très chaud. |
| Sia-m'abonde en riz. | Siam abonde en riz. |
| Noé bénit Sè-m'et Japhet. | Noé bénit Sem et Japhet. |
| La ville de Jérusalè-m'a été assiégée et rasée par Titus. | La ville de Jérusalem a été assiégée et rasée par Titus. |
| Harlè-m'en Hollande. | Harlem en Hollande. |

---

(1) RÈGLE — Les mots terminés par *am, em, im, om* et *um* dont le *m* final est sonore se lient sans exception à la rencontre de toute voyelle ou d'un *h* muet. Ex.: Priam égorgé (*Pria-m'égorgé*).

Béthléé-m'est célèbre par la naissance de J.-C. | Béthléem est célèbre par la naissance de J.-C.
Son intéri-m'expire demain. | Son intérim expire demain.
Seli-m'expia sa faute. | Sélim expia sa faute.
Ephraï-m'illustra son nom. | Ephraïm illustra son nom.
Joaki-m'en prison. | Joakim en prison.
Le sel d'Epso-m'évacue. | Le sel d'Epsom évacue.
L'opio-m'endort. | L'opium endort.
Un té deo-m'en musique. | Un te deum en musique.
Un compéndio-m'istorique. | Un compendium historique.
Un géranio-m'en fleurs. | Un géranium en fleurs.
Un facto-m'exposé avec clarté. | Un factum exposé avec clarté.

2° *Des mots terminés par* am, im, ym, aim, om *et* um à la rencontre d'une voyelle ou d'un *h* muet (1).

Adam | offensa Dieu. | Adam offensa Dieu.
Adam | honteux de son péché. | Adam honteux de son péché.
Adam | expulsé du paradis terrestre. | Adam expulsé du paradis terrestre.

---

(1) RÈGLE. Les mots terminés en *am, im, ym, aim, om* et *um* ne se lient pas à la rencontre d'une voyelle ni d'un *h* muet, lorsque le *m* final de ces terminaisons n'est qu'un signe de nasalité, c'est-à-dire, que les finales *am, im, ym, aim, om* et *um* se prononcent *an, in, on, un* au lieu de ame, ime, ome, etc.

Adam | est le père du genre humain.

Un certain quidam | entra.

Joachim | élevé au trône de Naples.

Thym | odoriférant.

J'ai faim | et soif.

Faim | impérieuse.

Daim | agile.

Un daim | errant.

Haim | amorcé.

Etaim | excellent.

Essaim | éparpillé.

Nom | illustre.

Surnom | agréable.

Pronom | indéfini.

Condom | en Gascogne.

Absalom | à Jérusalem.

Ce parfum | embaume.

Adam est le père du genre humain.

Un certain quidam entra.

Joachim élevé au trône de Naples.

Thym odoriférant.

J'ai faim et soif.

Faim impérieuse.

Daim agile.

Un daim errant.

Haim amorcé.

Etaim excellent.

Essaim éparpillé.

Nom illustre.

Surnom agréable.

Pronom indéfini.

Condom en Gascogne.

Absalom à Jérusalem.

Ce parfum embaume.

## De la liaison du B et du P.

*Manière de lier les finales* ab, eb, ib, ob, ub, ap, ep, op, oup *à la rencontre d'une voyelle ou d'un* h *muet* (1).

Aka-b'et Jésabet.

Achab et Jésabet.

---

(1) RÈGLE. — *B* et *p* sonores à la fin d'un mot se lient à la rencontre de toute voyelle ou d'un *h* muet. Ex.: Job accusé. Cep enté (*Jo-b'acusé. Cè-p'enté*).

Tout adverbe terminé par un *b* ou par un *p* muet se lie aussi,

| | |
|---|---|
| Calè-b'entra dans la terre promise. | Caleb entra dans la terre promise. |
| Entrée de Sennachéri-b'en Judée. | Entrée de Sennachérib en Judée. |
| Jo-b'acusé de plusieurs crimes. | Job accusé de plusieurs crimes. |
| Jaco-b'en Egypte. | Jacob en Egypte. |
| Jaco-b'è Esaü. | Jacob et Esaü. |
| Un clu-b'immense. | Un club immense. |
| Voilà un radou-b'incomplet. | Voilà un radoub incomplet. |
| Ga-p'abonde en blé. | Gap abonde en blé. |
| Parler ca-p'à cap. | Parler cap à cap. |
| On donne le nom de Jala-p'à la belle de nuit. | On donne le nom de Jalap à la belle de nuit. |
| La ville d'Alè-p'est marchande. | La ville d'Alep est marchande. |
| Un cè-p'enté, un cè-p'arraché. | Un cep enté, un cep arraché. |
| Tro-p'aride, tro-p'est trop. | Trop aride, trop est trop. |
| Tro-p'indocile. | Trop indocile. |
| Tro-p'ambitieux. | Trop ambitieux. |
| Je ne me fie pas tro-p'à lui. | Je ne me fie pas trop à lui. |
| Elle est beaucou-p'emportée. | Elle est beaucoup emportée. |
| Elle a beaucou-p'étudié. | Elle a beaucoup étudié. |
| Un cou-p'affreux. | Un coup affreux. |

s'il est immédiatement suivi d'un adjectif ou d'un verbe ou d'un autre adverbe. Ex.: Trop aride (*tro-p'arìde*).

Il faut beaucou-p'aimer ses parents. | Il faut beaucoup aimer ses parents.
Un cou-p'inattendu. | Un coup inattendu.
Un cou-p'adroit. | Un coup adroit (1).

*Des mots terminés en* omb, ap, op, oup amp *à la rencontre d'une voyelle ou d'un* h *muet* (2).

Un plon | ennemi. | Un plomb ennemi.
Christophe Colon | était courageux. | Christophe Colomb était courageux.
Elle a du sparadra | appliqué sur son cautère. | Elle a du sparadrap appliqué sur son cautère.
Du dra | usé. | Du drap usé.
Ce dra | est bon. | Ce drap est bon.
Siro | émétique. | Sirop émétique.
Siro | anti-scorbutique. | Sirop anti-scorbutique.
Un siro | exquis. | Un sirop exquis.
Un galo | impétueux. | Un galop impétueux.
Il s'en va le grand galo | à l'hôpital. | Il s'en va le grand galop à l'hôpital.
Un lou | enragé. | Un loup enragé.
Un lou | affamé. | Un loup affamé.
Can | imprenable. | Camp imprenable.
Can | ennemi. | Camp ennemi.
Un chan | en friche. | Un champ en friche.
Un chan | émaillé de fleurs. | Un champ émaillé de fleurs.

(1) Le mot *coup* ne doit se lier que dans le discours soutenu.

(2) Règle. — *B* et *p* muets à la fin des mots ne se lient point à la rencontre d'une voyelle.

### De la liaison du F.

*Manière de lier les finales* af, ef, eph, if, of, auf, euf, œuf, oif, uf, ouf, erf *à la rencontre d'une voyelle ou d'un* h *muet* (1).

| | |
|---|---|
| Un ra-f'effroyable. | Un raf effroyable. |
| Un chè-f'abile. | Un chef habile. |
| Un griè-f'atroce. | Un grief atroce. |
| Une nè-f'élevée. | Une nef élevée. |
| Un brè-f'apostolique. | Un bref apostolique. |
| Josè-f'et Marie. | Joseph et Marie. |
| Du vi-f'argent. | Du vif argent. |
| Le Jui-f'errant. | Le Juif errant. |
| Un cani-f'excellent. | Un canif excellent. |
| Etre attenti-f'à son devoir. | Etre attentif à son devoir. |
| Un moti-f'impérieux. | Un motif impérieux. |
| La ville d'Aso-f'a été fortifiée par Pierre-le-Grand. | La ville d'Asof a été fortifiée par Pierre-le-Grand. |
| Sau-f'à changer. | Sauf à changer. |
| Un veu-f'impatient. | Un veuf impatient. |
| Un veu-f'inconsolable. | Un veuf inconsolable. |
| Neu-f'et demi. | Neuf et demi. |
| Du beu-f'à la mode. | Du bœuf à la mode. |
| Beu-f'indomptable. | Bœuf indomptable. |
| Eu-f'à la coque. | OEuf à la coque. |
| Ne confondez pas le neu-f'avec le vieux. | Ne confondez pas le neuf avec le vieux. |

---

(1) Les mots terminés par un *f* se lient à la rencontre de toute voyelle ou d'un *h* muet.

Le *ph* final qui se prononce comme *f* suit la même règle.

| | |
|---|---|
| Ils sont partis neu-f'en-semble. | Ils sont partis neuf en-semble. |
| Soi-f'ardente. | Soif ardente. |
| Le tu-f'est blanchâtre. | Le tuf est blanchâtre. |
| Un pou-f'épouvantable. | Un pouf épouvantable. |
| Un ser-f'assujetti. | Un serf assujetti (1). |
| Un ser-f'audacieux. | Un serf audacieux. |

## EXERCICE.

La fête de Saint-Turiaf est le treize juillet. Considère cette nef antique. La robe de ma tante est d'un vif azur. Il lui faudra un bref apostolique pour se marier. Pépin le Bref était roi de France. Etre attentif à son travail. Ce courageux captif est toujours gai. Elle a un air naïf et candide. Je le désire, sauf à revenir sur notre première décision. Il lui a cédé tout son bien, sauf une terre. J'ai une soif insatiable. Veuf inconsolable. Elles furent toutes les neuf à la promenade. Ce bœuf est très-gras. En Pologne, le serf est soumis. Eusèbe est tout pensif et réfléchi. Bernard jouit d'un excessif embonpoint. Elles sont neuf en tout. Les neuf arrivèrent tout de suite. Mon habit neuf est très-bien fait.

## EXCEPTIONS (2).

| | |
|---|---|
| Neu-v'hommes. | Neuf hommes. |
| Neu-v'heures. | Neuf heures. |

---

(1) La liaison dans le mot *serf* (esclave) s'opère avec le *f* et non avec le *r* qui le précède.

(2) Remarquez, 1° que l'adjectif numéral *neuf*, suivi d'un substantif, précédé ou non précédé d'un ou de plusieurs adjectifs, se lie avec l'articulation du *v* et non avec celle du *f*: neuf hommes

| | |
|---|---|
| Neu-v'abits. | Neuf habits. |
| Neu-v'enfants. | Neuf enfants. |
| Neu-v'officiers. | Neuf officiers. |
| Neu-v'actes. | Neuf actes. |
| Neu-v'ans. | Neuf ans. |
| Neu-v'écus. | Neuf écus. |
| Neu-v'escrocs. | Neuf escrocs. |
| Neu-v'aimables convives. | Neuf aimables convives. |
| Nè-r'optique. | Nerf optique. |
| Un cè-r'agile. | Un cerf agile. |
| Un cè-r'exténué. | Un cerf exténué. |
| Le cè-r'est sorti de son fort. | Le cerf est sorti de son fort. |
| Une clé \| en fer, une clé \| à vis. | Une clef en fer, une clef à vis. |
| Une clé \| anglaise. | Une clef anglaise. |

## De la liaison du L.

*Manière de lier les mots terminés en* al, el, il, ol, aul, ul eul, oil, oul *à la rencontre d'une voyelle ou d'un* h *muet* (1).

| | |
|---|---|
| Cheva-l'altier. | Cheval altier. |
| Fata-l'amour. | Fatal amour. |

---

*(neu-v'ommes)*.

2° Que la liaison des mots *nerf* et *cerf* (animal) s'opère avec le *r* et non avec le *f*: cerf agile (*cè-r'agile*).

3° Que le *f* du mot clef ne se lie jamais à la rencontre d'une voyelle, ni d'un *h* muet: clef en fer (*clé en fer*).

(1) Règle. — *L* final se lie à la rencontre de toute voyelle ou d'un *h* muet. Ex.: Hôpital ambulant, péril extrême (*Hôpita-l'ambulant, péri-l'exctrême*).

4

| | |
|---|---|
| Généra-l'abile. | Général habile. |
| Un loca-l'agréable. | Un local agréable. |
| Bè-l'enfant. | Bel enfant. |
| Eternè-l'adieu. | Eternel adieu. |
| Mortè-l'eureux. | Mortel heureux. |
| Cruè-l'ami. | Cruel ami. |
| Péri-l'inévitable. | Péril inévitable. |
| Fi-l'à coudre. | Fil à coudre. |
| I-l'est civi-l'et onnète. | Il est civil et honnète. |
| O vi-l'ypocrite. | O vil hypocrite. |
| I-l'est vi-l'et rampant. | Il est vil et rampant. |
| I-l'évite chacun. | Il évite chacun. |
| I-l'aime l'étude. | Il aime l'étude. |
| Le Ni-l'a débordé. | Le Nil a débordé. |
| I-l'a donné un poisson d'avri-l'a son ami. | Il a donné un poisson d'avril à son ami. |
| Paraso-l'en soie. | Parasol en soie. |
| Entreso-l'abité. | Entresol habité. |
| Un so-l'ingrat. | Un sol ingrat. |
| Prendre son vo-l'et son essor. | Prendre son vol et son essor. |
| Pau-l'et Virginie. | Paul et Virginie. |
| Consu-l'intègre. | Consul intègre. |
| Calcu-l'astronomique. | Calcul astronomique. |
| Nu-l'égard. | Nul égard. |
| Seu-l'ami. | Seul ami. |
| Un seu-l'omme. | Un seul homme. |
| Aïeu-l'infirme. | Aïeul infirme. |
| Tilleu-l'en fleur. | Tilleul en fleur. |
| Filleu-l'arrogant. | Filleul arrogant. |
| Poua-l'épais. | Poil épais. |
| Un capitou-l'indiscret. | Un capitoul indiscret. |

Vesou-l'en Franche-Comté.

Vesoul en Franche-Comté.

*Manière de lier les mots terminés en* ail, eil, euil, ueil *et* ouil *à la rencontre d'une voyelle ou d'un* h *muet* (1).

| | |
|---|---|
| Trava-lliopiniâtre. | Travail opiniâtre. |
| Déta-lliannuyeux. | Détail ennuyeux. |
| Cama-lliélégant. | Camail élégant. |
| Attira-llinutile. | Attirail inutile. |
| Soupira-llincommode. | Soupirail incommode. |
| Solè-lliéclatant. | Soleil éclatant. |
| Consè-lliofficieux. | Conseil officieux. |
| Evè-lliépouvantable. | Eveil épouvantable, |
| Aparè-llidro-pneumati-que. | Appareil hydro-pneumati-que. |
| Somè-lliagité. | Sommeil agité. |
| Linceu-lliusé. | Linceuil usé. |
| Seu-lliétroit. | Seuil étroit. |
| Chevreu-lliagile. | Chevreuil agile. |
| Fauteu-lliorné. | Fauteuil orné. |
| Ekeu-lliécumant. | Ecueil écumant. |
| L'eu-llian feu. | L'œil en feu. |
| Orgueu-lliéffréné. | Orgueil effréné. |
| Cerkeu-llian bois. | Cerceuil en bois. |
| Fenou-lliépuratif. | Fenouil épuratif. |
| Le mi-lliabonde. | Le mil abonde. |
| Grési-lliaggloméré. | Grésil aggloméré. |
| Genti-llianfant. | Gentil enfant. |
| Ce féni-lliest vaste. | Ce fénil est vaste. |

(1) Voir la note de la page 15.

## EXERCICE.

Un fanal éclairé. Il est cardinal-évêque. Le pape l'a fait cardinal in petto. Il le traite d'égal à égal. Il a bien du mal à gagner sa vie. Une noire tempête déroba le ciel à nos regards. On ne voyait plus que le ciel et l'eau. Eternel abîme. O quel ordre admirable! C'est lui qui est mon plus cruel ennemi. Faites pour lui un appel à la charité publique. Michel a été à la pêche. Gabriel est de retour. Il est parvenu de plein vol à l'emploi qu'il occupe. Ce sol est pierreux. Le glaïeul a des feuilles comme des lames d'épée. Son épagneul est fort joli. Je suis seul au monde. La cathédrale de Toul est fort belle. Notre proconsul a été nommé consul à Rome. Péril extrême. Je suis né le douze avril à neuf heures du matin. Ce profil est bien. O quel exil affreux que le mien! Bail à rente. Bail emphytéotique. Bail à vie, Portail élevé. Portail en marbre. Il y a péril en la demeure. Le petit mil à chandelles. Un babil intolérable.

## EXCEPTIONS (1).

| | |
|---|---|
| Un fusi à piston. | Un fusil \| à piston. |
| Un gri en fer. | Un gril \| en fer. |
| Un sourci arqué. | Un sourcil \| arqué. |
| Outi ébréché. | Outil \| ébréché. |
| Du couti en pièce. | Du coutil \| en pièce. |
| Un bari anglais. | Un baril \| anglais. |
| Ce cheni est commode. | Ce chenil \| est commode. |
| Persi odorant. | Persil \| odorant. |

(1) *L* muet à la fin des mots ne se lie point à la rencontre d'une voyelle ni d'un *h* muet.

| | |
|---|---|
| Ce fourni est vaste. | Ce fournil \| est vaste. |
| Il est sou à chanceler. | Il est soûl \| à chanceler. |

## De la liaison du R.

*Manière de lier les mots terminés en* ar, air, ir, yr, or, ur, our, eur, œur *et* oir *à la rencontre d'une voyelle ou d'un* h *muet* (1).

| | |
|---|---|
| Cha-r'élégant. | Char élégant. |
| Necta-r'excellent. | Nectar excellent. |
| Pa-r'envie. | Par envie. |
| Eclè-r'étincelant. | Eclair étincelant. |
| Pè-r'ou non. | Pair ou non. |
| Souveni-r'agréable. | Souvenir agréable. |
| Dézi-r'ardent. | Désir ardent. |
| Teni-r'un secret. | Tenir un secret. |
| Agi-r'adroitement. | Agir adroitement. |
| Trézo-r'enfoui. | Trésor enfoui. |
| J'ai un co-r'au pied. | J'ai un cor au pied. |
| Mu-r'élevé. | Mur élevé. |
| Séjou-r'agréable. | Séjour agréable. |
| Laboureu-r'avide. | Laboureur avide. |
| Peu-r'orrible. | Peur horrible. |
| Chaleu-r'attiédie. | Chaleur attiédie. |
| Vainqueu-r'impitoyable. | Vainqueur impitoyable. |
| Keu-r'endurci. | Cœur endurci. |
| Keù-r'effrayé. | Cœur effrayé. |
| Dortoua-r'aéré. | Dortoir aéré. |
| Pouvoi-r'illimité. | Pouvoir illimité. |

---

(1) Les mots terminés en *ar, air, ir, yr, or, ur, our, eur, œur* et *oir* se lient indistinctement à la rencontre de toute voyelle ou d'un *h* muet: char élégant (*cha-r'élégant*).

## EXERCICE.

Ganimède versait le nectar aux dieux. Bazar éclairé par des coupoles. Il va de pair avec les savants. On ne sait s'il est chair ou poisson. Il parle clair et net. Son repentir est sincère. Abolir une coutume. Il faut compatir à la faiblesse humaine. Il ne faut jamais désobéir à ses parents. Je vais faire venir une voiture. Martyr édifiant. Castor et Pollux. Il a donné l'essor à son esprit. Mentor était l'ami d'Ulysse. Futur antérieur. Il est fondé sur un bon raisonnement. Séjour affreux. Ce contour est bien entendu. On le mettra hors de cour et de procès. Détour ingénieux. Jour artificiel. Jour ouvrier. Soutenir le pour et le contre. Il y a de l'aigreur entre ces deux personnes. Saveur agréable. Bonheur ineffable. Confesseur indulgent. Couleur austère. Couleur antique. Dénonciateur exécrable. Ma sœur ignorait cette aventure. Le savoir a son prix. C'est pour moi un devoir indispensable. Il peut pleuvoir aujourd'hui. En vouloir à quelqu'un. Concevoir un beau plan. Revoir un ouvrage. Tout mon espoir est perdu. Il faut vous pourvoir en justice. La ville de Tyr était jadis célèbre. Trésor abondant.

*Des mots terminés en* er *et en* ier *qui se lient* (1).

| | |
|---|---|
| Adorè-r'un seul Dieu. | Adorer un seul Dieu. |
| Aimè-r'à rire. | Aimer à rire. |

---

(1) Liez à la rencontre de toute voyelle ou d'un *h* muet, tous les infinitifs des verbes terminés en *er* et en *ier*, ainsi que les mots dont le *r* final est sonore. Les adjectifs ne se lient que lorsqu'ils sont immédiatement suivis de leurs substantifs.

L'*e* qui précède le *r* dans toutes ces terminaisons se prononce ouvert.

| | |
|---|---|
| Témoignè-r'un regret. | Témoigner un regret. |
| Chantè-r'en chœur. | Chanter en chœur. |
| Renoncè-r'au monde. | Renoncer au monde. |
| Priè-r'avec ferveur. | Prier avec ferveur. |
| Se fiè-r'à Dieu seul. | Se fier à Dieu seul. |
| Remédiè-r'aux maux. | Remédier aux maux. |
| Suppliè-r'umblement. | Supplier humblement. |
| Chè-r'ami. | Cher ami. |
| Chè-r'oncle. | Cher oncle. |
| Hiè-r'au matin. | Hier au matin. |
| Un fiè-r'orage. | Un fier orage. |
| Mè-r'agitée. | Mer agitée. |
| Fè-r'aigu. | Fer aigu. |
| Hivè-r'opiniâtre. | Hiver opiniâtre. |
| Légè-r'ennui. | Léger ennui |
| Derniè-r'adieu. | Dernier adieu. |
| Un singuliè-r'objet. | Un singulier objet. |

**EXERCICE.**

User indignement de son pouvoir. Il a su se dérober à la poursuite de l'ennemi. Armer une poutre de barres de fer. Je ne puis m'arranger avec lui. Ayez soin d'arroser un peu ces fleurs. Pourquoi tourner ainsi au tour de la question? On ne saurait s'expliquer avec plus de franchise. Il faut lui donner avis de ce qui se passe. Donner un poisson d'avril à quelqu'un. Il croit qu'il n'y a qu'à se baisser et en prendre. Sa consigne est de ne laisser entrer personne. Coucher à la belle étoile. Le luxe ne peut s'associer avec la vertu. Il serait dangereux de confier au papier ce secret. Tâchez de lier une partie de promenade. Il est fier et superbe. Se battre à fer émoulu. Un ver encéphale. La rivière du Cher est navigable. Jean a un cancer au bras. L'enfer est le séjour des damnés. Jupiter était fils de Saturne et de Rhée. Cicéron était le premier orateur de son temps. Dernier avis. Voilà mon premier ouvrage. Entier abandon. Belvéder élevé.

## EXCEPTIONS.

*Des mots terminés en* er *et en* ier *qui ne se lient pas* (1).

| | |
|---|---|
| Bergé aimable. | Berger aimable. |
| Coché adroit. | Cocher adroit. |
| Messagé exact. | Messager exact. |
| Boulangé exténué. | Boulanger exténué. |
| Un ménagé avare. | Un ménager avare. |
| Ce roché est pointu. | Ce rocher est pointu. |
| Cloché élevé. | Clocher élevé. |
| Noché expérimenté. | Nocher expérimenté. |
| Perdre le mangé et le boire. | Perdre le manger et le boire. |
| Il est même étrangé à cette intrigue. | Il est même étranger à cette intrigue. |
| Un arché à cheval. | Un archer à cheval. |
| Quel dangé y a t-il de l'avertir? | Quel danger y a t-il de l'avertir? |
| Horlogé en petit. | Horloger en petit. |

---

(1) Les substantifs en *er* et en *ier* qui se prononcent avec l'e fermé et dont le *r* final est muet ne se lient jamais à la rencontre d'une voyelle ni d'un *h* muet, ainsi que les adjectifs, quand ils ne sont pas immédiatement suivis de leurs substantifs : (*Bergé aimable*) berger aimable. (*Il est tout entié au jeu*) il est tout entier au jeu.

| | |
|---|---|
| Un orangé en fleurs. | Un oranger en fleurs. |
| Elle a un parlé agréable. | Elle a un parler agréable. |
| Un dîné excellent. | Un dîner excellent. |
| Batelié adroit. | Batelier adroit. |
| Bénitié en marbre. | Bénitier en marbre. |
| Banquié avare. | Banquier avare. |
| Bourbié infect. | Bourbier infect. |
| Financié opulent. | Financier opulent. |
| Panié élégant. | Panier élégant. |
| Trésorié intègre. | Trésorier intègre. |
| Usurié odieux. | Usurier odieux. |
| Balancié ydraulique. | Balancier hydraulique |
| Cheval légé à la main. | Cheval léger à la main. |
| Il est toujours le premié à provoquer ses camarades. | Il est toujours le premier à provoquer ses camarades. |
| Il est toujours le dernié à l'ouvrage. | Il est toujours le dernier à l'ouvrage. |
| Un ouvrié aux pièces. | Un ouvrier aux pièces. |
| Chevalié errant. | Chevalier errant. |
| Marcher dans le sentié épineux de la gloire. | Marcher dans le sentier épineux de la gloire. |
| Héritié universel. | Héritier universel. |
| Armurié adroit. | Armurier adroit. |
| Soulié étroit. | Soulier étroit. |
| Mocieu écrit. | Monsieur écrit. |
| Mocieu arrose. | Monsieur arrose. |
| Mocieu Anatole. | Monsieur Anatole. |
| Mocieu est devenu gros. | Monsieur est devenu gros (1). |

---

(1) *R* final du mot monsieur que l'on prononce mocieu ne se lie jamais à la rencontre d'une voyelle ni d'un *h* muet.

## De la liaison du D et du T.

*Manière de lier* 1° *les mots terminés en* ad, ed, id, od, ud, und ; 2° *ceux en* ied *et en* oud ; 3° *ceux en* aid, *et en* oid (1).

| | |
|---|---|
| Arphaxa-d'engendra Salé. | Arphaxad engendra Salé. |
| Alfrè-d'est venu. | Alfred est venu. |
| Davi-d'épargna Saül. | David épargna Saül. |
| Le Ci-d'est le chef-d'œu-vre de Corneille. | *Le Cid* est le chef-d'œuvre de Corneille. |
| Un épho-d'éclatant. | Un éphod éclatant. |
| Chélu-d'engendra Ezri. | Chélud engendra Ezri. |
| Le su-d'est, le su-d'ouest. | Le sud-est, le sud-ouest. |
| Un talmu-d'en cinq volu-mes. | Un talmud en cinq volu-mes. |
| Le Sun-d'est la clef de la mer Baltique. | Le Sund est la clef de la mer Baltique. |
| Cela siè-t'il ? | Cela sied-il ? |
| S'assié-t'elle ? | S'assied-elle? |
| Cou-t'il ? | Coud-il ? |
| Décou-t'elle ? | Découd-elle. |

---

(1) Les mots terminés par un *d* sonore se lient sans exception à la rencontre d'une voyelle ou d'un *h* muet.

On liera avec l'articulation du *t* tous les temps des verbes en *ied* et en *oud* seulement lorsqu'ils sont suivis d'un des pronoms *il, elle, on* et dans les locutions de *pied en cap, pied à terre,* etc.

Ne liez, parmi les mots terminés en *aid* et en *oid*, que les adjectifs suivis de leurs substantifs. Le *d* se change en *t* lors de la liaison de ces deux terminaisons.

Hors les cas qui précèdent, les mots terminés en *aid, oid, ied, oud, aud* et *œud* ne se lient jamais à la rencontre d'une voyelle ni d'un *h* muet.

Cou-t'on ?  Coud-on ?
O le lai-t'enfant !  O le laid enfant !
Lai-t'omme.  Laid homme.
Plai-t'ennuyeux.  Plaid ennuyeux.
Un plai-t'écossais.  Uu plaid écossais ( manteau ).
Un froi-t'orateur.  Un froid orateur.
Un froi-t'écrivain.  Un froid écrivain.
Armé de piè-t'en cap.  Armé de pied en cap.
J'ai un piè-t'à terre à  J'ai un pied à terre à la
la ville.  ville.
Elle a un piè-t'équin.  Elle a un pied-équin.
Elle le fera piè-t'à pied.  Elle le fera pied à pied.

## EXCEPTIONS.

Un nigô indécis.  Un nigaud indécis.
Un marô adroit.  Un maraud adroit.
Renô est parti.  Renaud est parti.
Il est lè à effrayer.  Il est laid à effrayer.
Ce plè est tout rongé.  Ce plaid est tout rongé.
Piè élégant.  Pied élégant.
Piè enflé.  Pied enflé.
Le brun lui siè à merveille  Le brun lui sied à merveille.
Elle s'assiè à côté de vous.  Elle s'assied à côté de vous.
Le château de St-Clou  Le château de Saint-Cloud
est magnifique.  est magnifique.
Elle cou assez bien.  Elle coud assez bien.
Il décou une veste.  Il découd une veste.
On cou à merveille dans  On coud à merveille dans
cette maison.  cette maison.
Un neu élégant.  Un nœud élégant.
J'ai froua à la main.  J'ai froid à la main.
Un froua excessif.  Un froid excessif.

| | |
|---|---|
| La ville de Madri est très-grande. | La ville de Madrid est très-grande. |
| J'ai acheté un mui et demi de vin. | J'ai acheté un muid et demi de vin. |
| Un nid à rats. | Un nid à rats. |
| Elle a composé un palino en musique. | Elle a composé un palinod en musique. |

*Manière de lier les mots terminés en* **ard**, **erd**, **ord**, **ourd** (1).

| | |
|---|---|
| Rena-r'affamé. | Renard affamé. |
| Elle a du fa-r'aux joues. | Elle a du fard aux joues. |
| Reta-r'inutile. | Retard inutile. |
| Placa-r'en bois. | Placard en bois. |
| Babilla-r'ignorant. | Babillard ignorant. |
| Vieilla-r'impotent. | Vieillard impotent. |
| Bernar-r'est poli. | Bernard est poli. |
| Bavar-r'insipide. | Bavard insipide. |
| Il pè-r'au jeu. | Il perd au jeu. |
| Elle repè-r'encore. | Elle reperd encore. |
| Elle pè-r'une bonne mère. | Elle perd une bonne mère. |
| Un lo-r'anglais. | Un lord anglais. |
| Rebo-r'élevé. | Rebord élevé. |

(1) Les mots terminés en *ard*, *erd*, *ord*, *ourd* se lient à la rencontre de toute voyelle ou d'un *h* muet avec le *r* pénultième et non avec le *d* final : Renard affamé (*rena-r'affamé*), mais la liaison s'opère avec le *d* final qui prend l'articulation du *t*, lorsque ces terminaisons proviennent des temps des verbes suivis des pronoms *il, elle, on*.

NOTA. On liera avec le *d* les deux substantifs nord-est, nord-ouest (*nor-d'est, nor-d'ouest*) tel est l'empire de l'usage pour la liaison de ces deux mots avec l'articulation naturelle du *d* final.

| | |
|---|---|
| Acco-r'armonieux. | Accord harmonieux. |
| Elle mo·r'à la grappe. | Elle mord à la grappe. |
| Il to-r'une corde. | Il tord une corde. |
| Le no-r'est brumeux. | Le Nord est brumeux. |
| Du no-r'à l'est. | Du nord à l'est. |
| Le département du no-r'est fertile. | Le départemen du nord est fertile. |
| Un sou-r'et muet. | Un sourd et muet. |
| Un bruit sou-r'et lugubre. | Un bruit sourd et lugubre. |
| Cela est lou-r'à porter. | Cela est lourd à porter. |
| Pèr-t'il, repèr-t'elle? | Perd-il, reperd-elle? |
| Pèr-t'on? | Perd-on? |
| Mor-t'il, mor-t'elle? | Mord-il, mord-elle? |
| Pèr-t'on beaucoup? | Perd-on beaucoup? |
| Nor-d'est. | Nord-est. |
| Nor-d'ouest. | Nord-ouest. |

*Manière de lier les mots terminés en* and, end *et* ond (1).

| | |
|---|---|
| Un gran-t'omme. | Un grand homme. |
| Gran-t'écrivain. | Grand écrivain. |
| Frian-t'oiseau. | Friand oiseau. |

---

(1) Les mots terminés en *and, end* et *ond* se lient avec l'articulation du *t* à la rencontre d'une voyelle ou d'un *h* muet, savoir :

1° Les adjectifs lorsqu'ils sont immédiatement suivis de leurs substantifs ;

2° Tous les temps des verbes qui ont une de ces terminaisons, ainsi que l'adverbe *quand* qui se lie, sans exception, à la rencontre de toute voyelle ou d'un *h* muet. On liera aussi l'adverbe de de fond en comble *(fon-t'en comble)*.

Hors ces cas, les mots terminés en *and, end* et *ond* ne se lient jamais à la rencontre d'une voyelle ni d'un *h* muet.

Révéran-t'archidiacre.
Révérend archidiacre.

Profon-t'écueil.
Profond écueil.

Segon-t'appel.
Second appel.

Ce qui s'appran-t'au berceau ne s'oublie jamais.
Ce qui s'apprend au berceau ne s'oublie jamais.

Qui s'attan-t'au hasard n'est pas trop assuré de dîner.
Qui s'attend au hasard n'est pas trop assuré de dîner.

Il appran-t'à lire.
Il apprend à lire.

Entan-t'il?
Entend-il ?

Compran-t'on ?
Comprend-on ?

Elle répon-t'exactement.
Elle répond exactement.

Il confon-t'un nom.
Il confond un nom.

Cette poule pon-t'elle.
Cette poule pond-elle.

Qui achète ce qu'il ne peut, van-t'ensuite ce qu'il ne veut.
Qui achète ce qu'il ne peut, vend ensuite ce qu'il ne veut.

Quan-t'il viendra, nous partirons.
Quand il viendra, nous partirons.

Il faut travailler quan-t'on est jeune.
Il faut travailler quand on est jeune.

Quan-t'une action est bonne, on la loue.
Quand une action est bonne, on la loue.

Cette maison a été renversée de fon-t'en comble.
Cette maison a été renversée de fond en comble.

**Dites sans liaisons :**

Un brigan | insigne.
Un brigand insigne.

Un marchan | achalandé.
Un marchand achalandé.

Rolan | est de retour.
Roland est de retour.

Un tisseran | en toile.
Un tisserand en toile.

| | |
|---|---|
| Il est gran \| envers tout le monde. | Il est grand envers tout le monde. |
| Le frian \| aime les bons morceaux. | Le friand aime les bons morceaux. |
| Ce révéran \| implore Dieu pour nous. | Ce révérend implore Dieu pour nous. |
| Un différan \| acharné. | Un différend acharné. |
| Un plafon \| élevé. | Un plafond élevé. |
| Un fon \| inépuisable. | Un fond inépuisable. |
| Le segon \| est préférable au premier. | Le second est préférable au premier. |
| Il est profon \| en son genre. | Il est profond en son genre. |
| Un moribon \| endurci. | Un moribond endurci. |
| Il est ron \| et franc. | Il est rond et franc. |

*Manière de lier les mots terminés en* at, ath, ait, et, eth, it, ith, ot, oth, aut, out, ut, uth, eut, eût, oit, oigt, uit, ast, est, ist, apt, ept, aient *et* ent (1).

| | |
|---|---|
| Un fa-t'impertinent. | Un fat impertinent. |
| C'est un béa-t'insuppor-table. | C'est un béat insuppor-table. |
| Donner un exéa-t'à quel-qu'un. | Donner un exéat à quel-qu'un. |

---

(1) Les mots terminés en *at, ath, aiť, et, eth, it, ith, ot, oth, aut, out, ut, uth, eut. eût* son *ut; oit, oigt, uit, ast, est, ist, apt, ept, aient* et *ent* se lient à la rencontre d'une voyelle ou d'un *h* muet, savoir : 1° tous les mots dont le *t* final est sonore ; 2° tous les adjectifs suivis de leurs substantifs ; 3° les adverbes, les noms de nombre et les verbes qui ont une de ces terminaisons, à l'exception des

| | |
|---|---|
| Un pla-t'écrivain. | Un plat écrivain. |
| Golia-t'insolent. | Goliath insolent. |
| Forfè-t'orrible. | Forfait horrible. |
| Un fè-t'extraordinaire | Un fait extraordinaire. |
| Parfè-t'amour. | Parfait amour. |
| Portrè-t'admirable. | Portrait admirable. |
| Elle lisè-t'avec grâce. | Elle lisait avec grâce. |
| Elle chantè-t'à ravir. | Elle chantait à ravir. |
| Il pleurè-t'amèrement. | Il pleurait amèrement. |
| Ma mère étè-t'endormie. | Ma mère était endormie. |
| Cè-t'esprit. | Cet esprit. |
| Cè-t'enfant. | Cet enfant. |
| Projè-t'odieux. | Projet odieux. |
| Guè-t'apan. | Guet-apens. |
| Un muè-t'instruit. | Un muet instruit. |
| Un crochè-t'argenté. | Un crochet argenté. |
| Il est sujè-t'à l'heure. | Il est sujet à l'heure. |
| Nazarè-t'en Syrie. | Nazareth en Syrie. |
| Profi-t'assuré. | Profit assuré. |
| Réci-t'agréable, | Récit agréable. |
| Un habi-t'élégant. | Un habit élégant. |

---

quatre verbes : *il absout, il bout, il dissout, il résout* dont le *t* final se lie seulement lorsque ces verbes sont suivis d'un des pronoms *il, elle, on.*

Observez : 1° que les substantifs terminés en *at* suivis immédiatement de leurs adjectifs commençant par une voyelle ou un *h* muet ne se lient point ainsi que les verbes qui ont une de ces terminaisons; 2° que les substantifs terminés en *aut* et en *out* et la plupart de ceux terminés en *ot* et en *ut* ne se lient pas non plus quand ils sont suivis de leurs adjectifs, ni le substantif *guet* bien que l'on dise *guè-t'apan* (guet-apens). Hors ces cas, les substantifs terminés en *ait, et, oit, oigt, it* et *uit* se lient lorsqu'ils sont suivis de leurs adjectifs.

La conjonction *et* ne se lie à la rencontre d'aucune voyelle.

Un défici-t'immense. | Un déficit immense.
Un peti-t'omme. | Un petit homme.
Le zéni-t'et le nadir. | Le zénith et le nadir.
Elle li-t'agréablement. | Elle lit agréablement.
Elle agi-t'avec prudence. | Elle agit avec prudence.
Il cueilli-t'un bouquet. | Il cueillit un bouquet.
So-t'enfant. | Sot enfant.
Le po-t'au feu. | Le pot au feu.
Mo-t'à mot. | Mot à mot.
Tantô-t'il rit et tantô-t'il pleure. | Tantôt il rit et tantôt il pleure.
Aussitô-t'après. | Aussitôt après.
Nous serons bientô-t'à la maison. | Nous serons bientôt à la maison.
Le flô-t'irrité. | Le flot irrité.
Tô-t'ou tard. | Tôt ou tard.
Il fau-t'aller tout de suite. | Il faut aller tout de suite.
Cet usage prévau-t'à Paris. | Cet usage prévaut à Paris.
Fau-t'il que je parte? | Faut-il que je parte.
Résou-t'il la question? | Résout-il la question.
Cela est d'un hau-t'intérêt | Cela est d'un haut intérêt.
Absou-t'il? Bou-t'elle? | Absout-il? Bout-elle?
Dissou-t'il? | Dissout-il?
Je suis tou-t'à vous. | Je suis tout à vous.
D'un bou-t'à l'autre. | D'un bout à l'autre.
Venez surtou-t'avec lui. | Venez surtout avec lui.
Un débu-t'agréable. | Un début agréable.
Un tribu-t'onéreux. | Un tribut onéreux.
Salu-t'éternel. | Salut éternel.
Le bu-t'est manqué. | Le but est manqué.
Un lu-t'armonieux. | Un luth harmonieux.
Lu-t'à jouer. | Luth à jouer.

| | |
|---|---|
| Elle le voulu-t'ainsi. | Elle le voulut ainsi. |
| Peu-t'elle venir avec nous? | Peut-elle venir avec nous? |
| Elle le peu-t'en ce moment. | Elle le peut en ce moment. |
| Elle accouru-t'à grands pas. | Elle accourut à grands pas. |
| Elle couru-t'à sa rencontre. | Elle courut à sa rencontre. |
| Elle veu-t'abiter sa ferme. | Elle veut habiter sa ferme. |
| Il faudrait qui l'u-t'une bonne part de l'héritage. | Il faudrait qu'il eût une bonne part de l'héritage. |
| Il va droi-t'au but. | Il va droit au but. |
| Ainsi soi-t'il. | Ainsi soit-il. |
| Elle perçoi-t'une bonne rente. | Elle perçoit une bonne rente. |
| Boi-t'il encore? | Boit-il encore? |
| Soi-t'ici, soi-t'ailleurs. | Soit ici, soit ailleurs. |
| Rédui-t'obscur. | Réduit obscur. |
| Un condui-t'étroit. | Un conduit étroit. |
| Nui-t'et jour. | Nuit et jour. |
| Hui-t'enfants. | Huit enfants. |
| Il poursui-t'une chimère. | Il poursuit une chimère. |
| Condui-t'il bien? | Conduit-il bien? |
| Elle l'a rédui-t'à la misère. | Elle l'a réduit à la misère. |
| Brès-t'en Bretagne. | Brest en Bretagne. |
| De l'ès-t'au nord. | De l'est au nord. |
| De l'ouès-t'à l'est. | De l'ouest à l'est. |
| Le lès-t'è léger. | Le lest est léger. |
| Le zès-t'et le zist. | Le zest et le zist. |

| | |
|---|---|
| Le zis-t'et le zest. | Le zist et le zest. |
| Ce chris-t'ê beau. | Ce christ est beau. |
| Un chris-t'en cuivre. | Un christ en cuivre. |
| Jésu-Chri \| ê ressuscité. | Jésus-Christ est ressuscité. (1) |
| Un rap-t'odieux. | Un rapt odieux. |
| Cè-t'enfants. | Sept enfants. |
| Cè-t'abits. | Sept habits. |
| Elles priê-t'avec ferveur. | Elles priaient avec ferveur. |
| Ils pleurê-t'amèrement. | Ils pleuraient amèrement. |
| Ils chantê-t'en keur. | Ils chantaient en chœur. |
| Elles le suppliê-t'umble-ment. | Elles le suppliaient hum-blement. |
| Ils marche-t'ensemble. | Ils marchent ensemble. |
| Perde-t'ils ? | Perdent-ils ? |
| Gagne-t'elles? | Gagnent-elles ? |
| Ils dîne-t'à midi. | Ils dînent à midi- |
| Ils soupe-t'à cè-t'eures. | Ils soupent à sept heures. |

1<sup>er</sup> EXERCICE.

Donner échec et mat à quelqu'un. Elle chantait à ravir. Marie se conduisait-elle bien? L'injustice régnait en ce siècle. Cet enfant sera malheureux. Elle a un caquet insupportable. Elle le dit à chacun. Elle sourit agréablement. Lit-elle passablement? Astaroth et sa suite. Le but est manqué. Elle comparut en justice. Nous sommes ce qu'il fût autrefois. Reconnût-il sa mère? Un luth argenté. Demandez-lui si elle veut y venir. Rien ne peut ébranler sa généreuse audace. On ne peut avoir de confiance en lui. Il faut

----

(1) Le mot **Jésus-Christ** (*Jésu-Chri*) ne se lie point à la rencontre d'une voyelle ni d'un *h* muet.

vouloir ce que l'on ne peut empêcher. Il va droit au but. Être servi au doigt et à l'œil. Elle reçoit à merveille. Il pourvoit à tout. O quelle nuit affreuse! Elle le poursuit à outrance. Elle suit à pied. Poursuit-on l'affaire? Où me cacher? Fuyons dans la nuit infernale. Le vent souffle de l'ouest au sud. L'antéchrist arrivera vers la fin du monde.

## 2° EXERCICE.

Jésus-Christ a institué le sacrifice de la messe. Notre âme est immortelle, Dieu est un esprit infini. Le vice est une disposition habituelle au mal. La gourmandise est un amour déréglé dans le boire et le manger. L'avarice est un amour déréglé des biens de la terre. C'est à moi d'obéir, puisque vous commandez. Cruel! c'est à ces dieux que vous sacrifiez? Voilà sept hommes bien pauvres. Regardait-on de ce côté? Dieu se plait à confondre l'orgueil des superbes. Elles consentaient avec peine. Ils criaient au secours. Mes parents demeuraient à trois pas d'ici. Elles travaillaient à leur salut. Elles jouaient à qui perd gagne. Elles le prendraient en mauvaise part. Elles sont tout autres que vous ne les croyez. Elle boit outre mesure. Un plagiat indigne. Celui-là est un adroit imposteur. Je n'ai plus qu'un mot à vous dire. Chut ici. Quel circuit immense. Nous irons d'un bout à l'autre. Ces maçons construisent une belle maison. Ces vaillants guerriers courent aux armes. Ces messieurs contemplent un tableau. Elles crièrent au secours. Elles demeurent ensemble. Ces garçons dansèrent une courante. Ces vins commencent à graisser. Ils travaillent en 'grand. Ces canonniers mirent une tour et visent à l'abattre. Il y a des plantes qui prennent en tout pays.

## EXCEPTIONS (1).

Magistra attentif. — Magistrat attentif.
Novicia austère. — Noviciat austère.
Séna inhumain. — Sénat inhumain.
Un cha angora. — Un chat angora.
Un scéléra insigne. — Un scélérat insigne.
Un comba opiniâtre. — Un combat opiniâtre.
Un dégâ affreux. — Un dégât affreux.
Appâ attrayant. — Appât attrayant.
Mettez le bâ à l'âne. — Mettez le bât à l'âne.
Aller à mâ et à cordes. — Aller à mât et à cordes.
Ce mâ est bien renforcé. — Ce mât est bien renforcé.

*Il faudrait :*

Qu'il chantâ à propos, — Qu'il chantât à propos,
Qu'il semâ à temps, — Qu'il semât à temps,
Qu'elle le confiâ à sa mère, — Qu'elle le confia à sa mère,
Qu'il voyageâ au printemps. — Qu'il voyageât au printemps.

Assau horrible. — Assaut horrible.
Un sau irrégulier. — Un saut irrégulier.
Un défau abominable. — Un défaut abominable.
Egou infect. — Egout infect.
Un goû exquis. — Un goût exquis.
Le sang lui bou, en ce moment, dans les veines. — Le sang lui bout, en ce moment, dans les veines.
Il absou un moribond. — Il absout un moribond.
Il résou un problème. — Il résout un problème.

---

(1) Voir page 64, observez : 1° que les substantifs, etc.

| | |
|---|---|
| Un complo horrible. | Un complot horrible. |
| Un matelo adroit. | Un matelot adroit. |
| Un fago assorti. | Un fagot assorti. |
| Un substitu éloquent. | Un substitut éloquent. |
| Un statu approuvé. | Un statut approuvé. |
| Affû à rouage. | Affût à rouage. |
| Un gué à pied. | Un guet à pied. |
| Un gué à cheval. | Un guet à cheval. |
| Droit de gué et de garde. | Droit de guet et de garde. |
| Un chien é un chat. | Un chien et un chat. |
| Un garçon é une fille. | Un garçon et une fille. |

*De la liaison des mots terminés en* art, ert, ort, ourt *et* eurt *et manière de les lier* (1).

| | |
|---|---|
| A-r'ingénieux. | Art ingénieux. |
| A-r'angélique. | Art angélique. |
| Eca-r'impardonnable. | Ecart impardonnable. |
| Rempa-r'attaqué. | Rempart attaqué. |
| Désè-r'horrible. | Désert horrible. |
| Désè-r'affreux. | Désert affreux. |
| Le couvè-r'est mis. | Le couvert est mis. |
| Effo-r'humain. | Effort humain. |
| Un resso-r'usé. | Un ressort usé. |
| Elle do-r'en paix. | Elle dort en paix. |
| Tout cou-r'é net. | Tout court et net. |
| Ce eu-r'est trop bas. | Ce heurt est trop bas. |
| Elle meu-r'au monde. | Elle meurt au monde. |

---

(1) *T* final des mots terminés en *art, ert, ort, ourt* et *eurt* est muet et la liaison s'opère avec le *r* pénultième à la rencontre de tout mot commençant par une voyelle ou un *h* muet.

### EXERCICE.

Ma part est la meilleure. Départ exact. Il part avec sa mère. Elle part ensuite, Il part après demain. Il est expert en cette affaire. Il acquiert une fortune. Un sort incertain. Un tort irréparable. Un port immense. Un fort imprenable. Sa mort est certaine. Il sort avec vous. Couper court à quelqu'un. Le plus court est de faire telle chose. Elle meurt à ses passions. Il meurt en bon chrétien. Science s'acquiert avec patience.

### EXCEPTIONS (1).

| | |
|---|---|
| Par-t'elle? | Part-elle ? |
| Par-t'il ? | Part-il ? |
| Ser-t'on bien la patrie ? | Sert-on bien la patrie? |
| Dor-t'elle encore ? | Dort-elle encore ? |
| Sor-t'on de la messe ? | Sort-on de la messe ? |
| Cour-t'il bien vite? | Court-il bien vite ? |
| Meur-t'il beaucoup de monde? | Meurt-il beaucoup de monde ? |
| For-t'outrage. | Fort outrage. |
| For-t'appui. | Fort appui. |
| For-t'ingénieux. | Fort ingénieux. |
| For-t'habile. | Fort habile. |
| Un cour-t'instant. | Un court instant. |
| Un cour-t'aperçu. | Un court aperçu. |

---

(1) Tous les temps des verbes terminés en *art*, *ert*, *ort*, *eurt* et *ourt* se lient sans exception avec le *t* final, lorsqu'ils sont immédiatement suivis des pronoms *il*, *elle*, *on*, ainsi que le mot *fort* employé comme adverbe, et l'adjectif *court* lorsqu'il est immédiatement suivi d'un substantif commençant par une voyelle ou un *h* muet.

*De la liaison des mots terminés en* ant, ent *et* empt
*et manière de les lier* (1).

| | |
|---|---|
| Quan-t'à vous je le veux bien. | Quant à vous je le veux bien. |
| Cependan-t'elle y vint. | Cependant elle y vint. |
| En supplian-t'humblement. | En suppliant humblement. |
| En donnan-t'aux pauvres. | En donnant aux pauvres. |
| Répondan-t'avec finesse. | Répondant avec finesse. |
| Travaillan-t'avec goût. | Travaillant avec goût. |
| En agissan-t'ainsi. | En agissant ainsi. |
| Luttan-t'avec courage. | Luttant avec courage. |
| Chantan-tagréablement. | Chantant agréablement. |
| Elle le déman-t'aussi. | Elle le dément aussi. |
| Il man-t'à chaque instant. | Il ment à chaque instant. |
| Cela lui a été expressémen-t'ordonné. | Cela lui a été expressément ordonné. |
| Cela a été habileman-t'amené. | Cela a été habilement amené. |
| Il est suffisamman-t'instruit. | Il est suffisamment instruit. |
| Elle est vraiman-t'économe. | Elle est vraiment économe. |
| Arrangeman-t'avantageux. | Arrangement avantageux. |
| Un tourman-t'inouï. | Un tourment inouï. |
| Un exan-t'audacieux. | Un exempt audacieux. |

(1) RÈGLE. — Tous les mots terminés en *ant,* *ent* et *empt* (son an)
se lient avec le *t* final devant la rencontre de toute voyelle ou d'un
*h* muet, exceptez les noms substantifs qui ne souffrent de liaison
que lorsqu'ils sont immédiatement suivis de leurs adjectifs.

| | |
|---|---|
| Méchan-t'omme. | Méchant homme. |
| Penchan-t'irrésistible. | Penchant irrésistible. |
| Accidan-t'imprévu. | Accident imprévu. |
| L'ardan-t'Ulysse. | L'ardent Ulysse. |
| Dilijan-t'ouvrier. | Diligent ouvrier. |
| Orian-t'équinoxial. | Orient équinoxial. |
| Induljan-t'ami. | Indulgent ami. |
| Patian-t'élève. | Patient élève. |
| Eloquan-t'orateur. | Eloquent orateur. |
| Fervan-t'évêque. | Fervent évêque. |
| Accidan-t'imprévu. | Accident imprévu. |
| Clian-t'inquiet. | Client inquiet. |
| Acçan-t'aigu. | Accent aigu. |
| Une dan-t'ébréchée. | Une dent ébréchée. |

## EXERCICE.

Quant à moi, j'y consens. Elle se met sur son quant à soi. Voilà un méchant homme. Elle a été lâchement abandonnée. Elle l'a charitablement averti. Comment allez-vous? Il est souvent ivre, O quel géant extraordinaire! On envoya un exempt intrépide pour l'arrêter. Chant harmonieux. Un commerçant honnête. Un penchant invincible. Il est savant en l'art de feindre. Marcher devant un autre. Torrent impétueux. Cent écus, cent yeux. Le jugement universel. J'ai un parent illustre. Un parent ingrat. En agissant ainsi, elle obtiendra tout ce qu'elle désire. Tombant à deux genoux. Echéant à la fin du mois. Etant au service. Faire une chose purement et simplement. Il excelle en tout, particulièrement en poésie. Cette mère n'a donné aucun agrément utile à sa fille. Il a été dûment averti.

Dites sans liaisons (1) :

| | |
|---|---|
| J'ai vu tout l'Orian \| en feu. | J'ai vu tout l'Orient en feu. |
| L'Orian \| et l'Occident. | L'Orient et l'Occident. |
| Son acçan \| est dur. | Son accent est dur. |
| Ce commerçan \| est obéré. | Ce commerçant est obéré. |
| Le présiden \| a interrogé le coupable. | Le président a interrogé le coupable. |
| L'enfan \| et sa bonne. | L'enfant et sa bonne. |
| Mon clian \| a perdu sa cause. | Mon client a perdu sa cause. |
| Ce serjan \| est fier. | Ce sergent est fier. |
| Le van \| a déraciné plusieurs mûriers. | Le vent a déraciné plusieurs mûriers. |
| Le chan \| a été bien dirigé. | Le chant a été bien dirigé. |
| C'est un compliman \| à lui faire. | C'est un compliment à lui faire. |
| Celui qui n'a pas de jugeman \| est fou. | Celui qui n'a pas de jugement est fou. |
| Son paran \| est âgé. | Son parent est âgé. |
| Il est prudan \| é sage. | Il est prudent et sage. |
| Il est méchan \| é vicieux. | Il est méchant et vicieux. |
| Il est deçan \| é honnête. | Il est décent et honnête. |
| Son jujeman \| est faux. | Son jugement est faux. |
| Cet enfan \| a des défauts. | Cet enfant a des défauts. |
| Mon paran \| arrivera sous peu. | Mon parent arrivera sous peu. |

(1) Voir page 72 (1) tous les mots, etc.

## — 75 —

*De la liaison des mots terminés en* aint, int, ingt, eint, ient, oint, ont, ompt, unt *et manière de les lier* (1).

| | |
|---|---|
| Sain-t'Augustin. | Saint Augustin. |
| Sain-t'emportement. | Saint emportement. |
| Elle vin-t'avec moi. | Elle vint avec moï. |
| Il survin-t'une dispute. | Il survint une dispute. |
| On parvin-t'à le faire taire. | On parvint à le faire taire. |
| Vin-t'ommes. | Vingt hommes. |
| Vin-t'é un. | Vingt et un. |
| Elle fein-t'un voyage. | Elle feint un voyage. |
| Il pein-t'assez bien. | Il peint assez bien. |
| Elle tein-t'une robe. | Elle teint une robe. |
| Vién-t'elle? | Vient-elle? |
| Il parvién-t'aux dignités. | Il parvient aux dignités. |
| Elle le retién-t'injustement. | Elle le retient injustement. |
| S'en souvién-t'on. | S'en souvient-on? |
| Un poin-t'important. | Un point important. |
| Un pourpoin-t'élégant. | Un pourpoint élégant. |
| Un poin-t'et virgule. | Un point et virgule |

(1) *T* final des adverbes, des pronoms, des adjectifs et des temps des verbes terminés en *aint, int, ingt, eint, ient, oient, ont, ompt* et *unt* se lie indistinctement devant la rencontre de tout mot commençant par une voyelle ou un *h* muet; mais les noms substantifs qui ont une de ces terminaisons ne supportent la liaison que lorsqu'ils sont immédiatement suivis de leurs adjectifs ou de quelque nom propre.

Nota. On lie les mots point et virgule, de point en point (*poin-t'é virgule, de poin-t'en point*) et on ne lie point le substantif *teint :* un tein | orangé *(un teint orangé).*

| | |
|---|---|
| De poin-t'en point. | De point en point. |
| Un fron-t'austère. | Un front austère. |
| Mon-t'Ida. | Mont Ida. |
| Un mon-t'inaccessible. | Un mont inaccessible. |
| Il est pron-t'à se fâcher. | Il est prompt à se fâcher. |
| Il ron-t'avec tout le monde. | Il rompt avec tout le monde. |
| Il le corron-t'à force d'argent. | Il le corrompt à force d'argent. |
| Mon défeun-t'ami. | Mon défunt ami. |
| Empreun-t'indispensable. | Emprunt indispensable. |

### EXERCICE.

Maint ouvrage. Saint Antoine. Le saint Evangile. Saint homme. Un saint évêque. Elle se plaint à chaque instant. Elle craint une réprimande. Elle éteint une bonne pension. Elle dépeint avec précision le caractère de son amie. Il s'abstint avec peine. Il obtint une récompense. Il prévint un grand malheur. Il appartient à une honnête famille. Il s'abstient encore. Il joint à la sagesse beaucoup de modestie. Elle oint un vase. Ne te laisse point emporter. Les magistrats dont il s'agit. Elles vont à la ville. Elles sont arrivées. Nos bras vous sont ouverts. Un pont élégant. Il rompt un bon projet de mariage. Il est prompt à se fâcher. Il s'interrompt à chaque instant. Il rompt en visière avec tout le monde. Il corrompt un passage de l'écriture. Il est prompt à servir à table. Il est prompt en tout ce qu'il fait. Emprunt urgent. Emprunt impossible.

**Dites sans liaisons :**

Un sain | et une sainte.    Un saint et une sainte.

Ce sain | était jadis vénéré dans tout le pays.

Ce saint était jadis vénéré dans tout le pays.

Ce poin | a été discuté.

Ce point a été discuté.

Ce pourpoin | est usé.

Ce pourpoint est usé.

Ce pon | est mal construit.

Ce pont est mal construit.

Son fron | est tout cicatrisé.

Son front est tout cicatrisé.

Il fait affron | à ses parents.

Il fait affront à ses parents.

Le défeun | a laissé de grands biens.

Le défunt a laissé de grands biens.

L'emprun | a été fait par son père.

L'emprunt a été fait par son père.

Cet emprun | était indispensable.

Cet emprunt était indispensable.

J'ai une robe d'un tein | uni.

J'ai une robe d'un teint uni.

Quel tein | agréable.

Quel teint agréable.

*De la liaison des mots terminés en* act, ect, ict, icht, auct, inct *et manière de les lier* (1).

Un contac-t'indirect.

Un contact indirect.

Exac-t'à se rendre.

Exact à se rendre.

Le compac-t'est signé.

Le compact est signé.

Un tac-t'extraordinaire.

Un tact extraordinaire.

---

(1) RÈGLE. — Les mots terminés en *act, ect, ict, icht, auct* et *inct* se lient de deux manières à la rencontre de toute voyelle ou d'un *h* muet, savoir : avec le *t*, lorsque les mots sont terminés par un *t* sonore et avec le *c* pénultième ou antépénultième lorsque le *t* final est muet.

| | |
|---|---|
| Un style correc-t'é noble. | Un style correct et noble. |
| Un lieu suspec-t'é dan-gereux. | Un lieu suspect et dange-reux. |
| Un verdic-t'en forme. | Un verdict en forme. |
| Statut stric-t'é rigoureux. | Statut strict et rigoureux. |
| Ce ya-k'est trop chargé. | Ce yacht est trop chargé. |
| Respè-k'outré. | Respect outré. |
| Respè-k'inviolable. | Respect inviolable. |
| Respè-k'umain. | Respect humain. |
| Il est circonspè-k'envers chacun. | Il est circonspect envers chacun. |
| Aspè-k'effrayant. | Aspect effrayant. |
| Distri-k'étendu. | District étendu. |
| Ce distri-k'est resserré. | Ce district est resserré. |
| Ami-k'en fil. | Amict en fil. |
| Maestri-k'en \| Hollande. | Maestricht en Hollande. |
| Le bidau-k'è-t'employé dans les couleurs. | Le bidauct est employé dans les couleurs. |
| Repas succin-k'é frugal. | Repas succinct et frugal. |
| Il a un instin-k'excellent. | Il a un instinct excellent. |
| Ce chien a un instin-k'incroyable. | Ce chien a un instinct incroyable. |
| Un bruit distin-k'et clair. | Un bruit distinct et clair. |

*De la liaison des sifflantes* z, s *et* x.

### De la liaison du Z (1).

| | |
|---|---|
| Ga-z'acide. | Gaz acide. |
| Ga-z'azotique. | Gaz azotique. |

---

(1) Tout mot terminé par un *z* se lie à la rencontre de toute voyelle ou d'un *h* muet à l'exception du mot *nez* qui ne souffre pas de liaison.

| | |
|---|---|
| Ga–z'oxigène. | Gaz oxigène. |
| Souffrè-z'avec résignation. | Souffrez avec résignation. |
| Senè-z'en provence. | Senez en provence. |
| Austerlit-z'en Moravie. | Austerlitz en Moravie. |
| Travaillé-z'avec persévé-rance. | Travaillez avec persévé-rance. |
| Vous chanteré-z'à ravir. | Vous chanterez à ravir. |
| Lisé-z'un peu plus vite. | Lisez un peu plus vite. |
| Prié-z'umblement. | Priez humblement. |
| Vous devé-z'aimer Dieu pardessus tout. | Vous devez aimer Dieu par-dessus tout. |
| Apprené-z'à vous vaincre. | Apprenez à vous vaincre. |
| Vous bravé-z'Alexandre? | Vous bravez Alexandre? |
| On attendait que vous fussié-z'arrivé. | On attendait que vous fus-siez arrivé. |
| Cet ouvrage ne peut être assé-z'expliqué. | Cet ouvrage ne peut être assez expliqué. |

**Dites sans liaisons :**

| | |
|---|---|
| Donner du né en terre. | Donner du nez en terre. |
| Né aquilin. | Nez aquilin. |
| Mettre le né à la fenêtre. | Mettre le nez à la fenêtre. |

### De la liaison du S.

*Des mots termiués en* as, ats, achs, aps, apts *et manière de les lier* (1).

| | |
|---|---|
| Des pâ-z'assurés. | Des pas assurés. |
| Un trépâ-z'affreux. | Un trépas affreux. |

---

(1) RÈGLE. — Les mots terminés en *as, ats, achs, aps, apts* se lient à la rencontre de tout mot commençant par une voyelle ou un *h* muet avec l'articulation du *z*.

| | |
|---|---|
| Des matelâ-z'en crin. | Des matelas en crin. |
| Un câ-z'imprévu. | Un cas imprévu. |
| Tendez les brâ-z'aux ma-<br>lheureux. | Tendez les bras aux ma-<br>lheureux. |
| Magistrâ-z'attentifs. | Magistrats attentifs. |
| Magistrâ-z'éclairés. | Magistrats éclairés. |
| Des plâ-z'en porcelaine. | Des plats en porcelaine. |
| Dégâ-z'affreux. | Dégâts affreux. |
| Des fâ-z'impertinents. | Des fats impertinents. |
| Des mandâ-z'acquittés. | Des mandats acquittés. |
| Almanâ-z'instructifs. | Almanachs instructifs. |
| Des drâ-z'étroits. | Des draps étroits. |
| Un lap-z'infini. | Un laps infini. |
| Un relap-z'infâme. | Un relaps infâme. |
| Il est lap-z'et relaps. | Il est laps et relaps. |
| Rap-z'odieux. | Rapts odieux. |

*Des mots terminés en* es *et manière de les lier* (1)

| | |
|---|---|
| Ame-z'ingrates. | Ames ingrates. |
| O riche-z'avares ! | O riches avares ! |
| Pome-z'aigres. | Pommes aigres. |
| Des mèche-z'allumées. | Des mèches allumées. |
| Reste-z'odieux. | Restes odieux. |
| Elle-z'écoutent. | Elles écoutent. |
| Des grille-z'en fer. | Des grilles en fer. |
| Des bouteille-z'étroites. | Des bouteilles étroites. |
| Innombrable-z'étoiles. | Innombrables étoiles. |

---

(1) Les mots terminés en *es* avec l'*e* muet n'offrent aucune difficulté. Le *s* final se lie à la rencontre de tout mot commençant par
une voyelle ou un *h* muet avec l'articulation du *z*. La prononciation de cet *e* doit être douce et peu sensible.

| | |
|---|---|
| Riche-z'ornements. | Riches ornements. |
| Bruyante-z'écoles. | Bruyantes écoles. |
| Pauvre-z'omes. | Pauvres hommes. |
| Diligente-z'abeilles. | Diligentes abeilles. |
| Dépense-z'énormes. | Dépenses énormes. |

### EXERCICE.

Elles arrivèrent quelques heures après moi. Entendez-vous ces plaintes et ces cris lamentables. Nous sommes tous frères en Jésus-Christ. J'ai des varices aux jambes. Voilà des chevilles en bois. Dieu a fait des prodiges et des choses étonnantes. Que de choses agréables à lui apprendre. Aimables enfants, venez ici près de moi. O que nous sommes heureuses de vous rencontrer ! Madame nous sommes bien sensibles à vos témoignages d'amitié. Des lampes ardentes brûlent sur l'autel. Oh ! que ses paroles étaient dures ! Elle est occupée à d'autres objets. Vos pères ont été les frères de nos pères.

### EXCEPTIONS (1).

| | |
|---|---|
| Char-l'étudie. | Charles étudie. |
| Jacqu'aime à jouer. | Jacques aime à jouer. |
| Geor-j'é parti. | Georges est parti. |
| Ju-l'a été en ville. | Jules a été en ville. |
| Hu-gu'ezite. | Hugues hésite. |
| Gi-l'implore sa grâce. | Gilles implore sa grâce. |
| Tu ai-m'à chanter. | Tu aimes à chanter. |

---

(1) *S* de *es* dans les noms propres et dans les temps de la seconde personne du présent de l'indicatif des verbes en *er* est nul et l'*e* qui le précède s'élide à la rencontre de toute voyelle ou d'un *h* muet.

| | |
|---|---|
| Tu le deman-d'en vain. | Tu le demandes en vain. |
| Tu chan-t'à ravir. | Tu chantes à ravir. |
| Tu cè-d'à tort. | Tu cèdes à tort. |
| Tu le protè-j'avec raison. | Tu le protéges avec raison. |
| Tu ensei-gn'une bonne chose. | Tu enseignes une bonne chose. |
| Tu su-à grosses gouttes. | Tu sues à grosses gouttes. |
| Tu te confi-à lui ? | Tu te confies à lui ? |
| Tu t'en méfi-avec raison. | Tu t'en méfies avec raison. |
| Tu essé une chanson. | Tu essayes une chanson. |
| Tu pé-intégralement. | Tu payes intégralement. |
| Tu le protè-j'à temps. | Tu le protèges à temps. |
| Tu le querè-l'injustement. | Tu le querelles injustement. |
| Tu révè-l'un secret. | Tu révèles un secret. |
| Tu le ramè-n'à propos. | Tu le ramènes à propos. |

*Des mots terminés en* ès, egs, eps, ets, ais, aies, aids, aits, eys, ieds, és, iés *et manière de les lier* (1).

| | |
|---|---|
| Aprè-z'elle. | Après elle. |
| Progrè-z'assurés. | Progrès assurés. |
| Procè-z'injustes. | Procès injustes. |
| Cérè-z'était fille de Saturne et de Cybèle. | Cérès était fille de Saturne et de Cybèle. |
| Des lè-z'onéreux. | Des legs onéreux. |
| Des cè-z'entés. | Des ceps entés. |

---

(1) Les mots terminés en *egs, cps, ets, ais, aies, aids, aits, eys, ieds, és* et *iés* se lient à la rencontre de tout mot commençant par une voyelle ou un *h* muet avec l'articulation du *z*, comme ceux terminés en *ès*, sans égard aux consonnes qui précèdent le *s* final qui dans ces terminaisons sont muettes.

Observez : 1° que les mots terminés en *ieds* dont le *d* pénultième est muet se prononcent, à la liaison, avec le son de l'è ouvert

Projè-z'avantageux. — Projets avantageux.

Tu pro-mè-z'un peu trop. — Tu promets un peu trop.

Tu te soumè-z'assez. — Tu te soumets assez.

Nous sommes tous sujè-z'à la mort. — Nous sommes tous sujets à la mort.

Des regrè-z'éternels. — Des regrets éternels.

Laquè-z'adroits. — Laquais adroits.

Je ne l'avais jamè-z'entendu parler. — Je ne l'avais jamais entendu parler.

Des frè-z'extraordinaires. — Des frais extraordinaires.

J'aimerè-z'à l'entendre lire. — J'aimerais à l'entendre lire.

Clè-z'en mauvè-z'état. — Claies en mauvais état.

Il ne demande que plè-z'et bosses. — Il ne demande que plaies et bosses.

Des plè-z'ennuyeux. — Des plaids ennuyeux.

Forfè-z'horribles. — Forfaits horribles.

Des trè-z'historiques. — Des traits historiques.

Ce sont là des fè-z'inadmissibles. — Ce sont là des faits inadmissibles.

Portrè-z'admirables. — Portraits admirables.

Attrè-z'impérieux. — Attraits impérieux.

Des dè-z'avares. — Des deys avares.

Tu t'assiè-z'auprès d'elle ? — Tu t'assieds auprès d'elle ?

Des pié-z'élégants. — Des pieds élégants.

Bonté-z'infinies. — Bontés infinies.

Traité-z'avantageux. — Traités avantageux.

---

dans les verbes et avec celui de l'*é* fermé dans les substantifs ; 2° que les mots terminés en *és* et en *iés* conservent la prononciation de l'accent dont ces finales sont affectées, mais que l'*e* des monosyllabes *mes*, *tes*, *ces*, *des*, *ses*, *les* et celui du mot *es* verbe, se prononce ouvert, l'orsqu'il y a liaison.

| | |
|---|---|
| Ils sont condamné-z'à mort. | Ils sont condamnés à mort. |
| Allié-z'au roi. | Alliés au roi. |
| Domicilié-z'à Paris. | Domiciliés à Paris. |
| Cè-z'omes m'importunent. | Ces hommes m'importunent. |
| Mè-z'amis, mè-z'ayeux. | Mes amis, mes aïeux. |
| Mè-z'occupations me retiennent. | Mes occupations me retiennent. |
| Va leur faire tè-z'adieux. | Va leur faire tes adieux. |
| As-tu retiré tè-z'honoraires? | As-tu retiré tes honoraires? |
| Tè-z'enfants sont jolis. | Tes enfants sont jolis. |
| Il suit lè-z'étendards de la gloire. | Il suit les étendards de la gloire. |
| Lè-z'états sont convoqués. | Les états sont convoqués. |
| Lè-z'amis sont rares. | Les amis sont rares. |
| Dieu punira lè-z'impies. | Dieu punira les impies. |
| Il y a bien dè-z'années de cela. | Il y a bien des années de cela. |
| Lè-z'anges sont dè-z'esprits. | Les anges sont des esprits. |
| Ce sont dè-z'histoires que vous nous faites là. | Ce sont des histoires que vous nous faites là. |
| Sè-z'idées sont confuses. | Ses idées sont confuses. |
| Faire honneur à sè-z'obligations. | Faire honneur à ses obligations. |
| Sè-z'amis l'abandonnent. | Ses amis l'abandonnent. |
| Tu è-z'obligeant. | Tu es obligeant. |
| Tu è-z'avare mon garçon. | Tu es avare, mon garçon. |
| Tu è-z'indulgent. | Tu es indulgent. |
| Tu è-z'audacieux. | Tu es audacieux. |

### EXERCICE.

C'est un ouvrage très-utile. Ce sont des projets odieux. Ils sont laids à faire peur. Les attraits attirent. Mène ces laies au champ. Les hommes sont destinés aux travaux. Pâtés excellents. Tu laisseras des héritiers nombreux. Tu es aimable. Mes enfants, venez ici. Tes habits sont à la mode. Ces oiseaux sont à vendre. J'ai connu ses aïeux. Tous les êtres ont reçu la vie de la nature, par la volonté de Dieu. Des anathèmes sont lancés contre lui. Ce prodige les étonne.

### EXCEPTIONS (1).

| | |
|---|---|
| Mè \| onze enfants sont au collége. | Mes onze enfants sont au collége. |
| Vers lè \| onze heures. | Vers les onze heures. |
| Tous cè \| oui et ces non me fatiguent. | Tous ces oui et ces non me fatiguent. |
| Dè \| onze heures. | Dès onze heures. |
| Dè \| une heure. | Dès une heure. |
| Dè \| oui dire. | Des oui dire. |
| Vers lè \| onze heures. | Vers les onze heures. |
| Sé \| onze filles sont toutes mariées. | Ses onze filles sont toutes mariées. |
| Tè \| onze agneaux sont morts. | Tes onze agneaux sont morts. |
| Mè \| onze élèves sont trè-z'intelligents. | Mes onze élèves sont très-intelligents. |

(1) *S* final des monosyllabes *mes, tes, ces, des, ses, les* ne se lie pas devant les mots *onze* et *oui* ainsi que dans ces phrases : Des \| une heure, sur les \| une heure (*dè une heure, etc.*)

*Des mots terminés en* is, ys, ays, ids, its *et ma-*
*nière de les lier* (1).

| | |
|---|---|
| Un commi-z'intègre. | Un commis intègre. |
| Un tami-z'en soie. | Un tamis en soie. |
| Ami-z'et ennemis. | Amis et ennemis. |
| Avi-z'au lecteur. | Avis au lecteur. |
| Avi-z'au public. | Avis au public. |
| Ati-z'infidèle. | Athys infidèle. |
| Iti-z'était fils de Térée. | Ithys était fils de Térée. |
| Des pèi-z'affreux. | Des pays affreux. |
| Des ni-z'à rats. | Des nids à rats. |
| Réci-z'agréables. | Récits agréables. |
| Des profi-z'assurés. | Des profits assurés. |
| Habi-z'élégants. | Habits élégants. |

*Des mots terminés en* os, ots, oths, auds, auts,
ops, obs *et manière de les lier* (2).

| | |
|---|---|
| Vo-z'erreurs. | Vos erreurs. |
| Vo-z'amis. | Vos amis. |
| Des propo-z'affreux. | Des propos affreux. |

---

(1) Les mots terminés en *ys, ays, ids,* et *its* se lient à la rencontre de tout mot commençant par une voyelle ou un *h* muet, comme ceux en *is,* sans égard aux consonnes qui précèdent le *s* final qui dans ces terminaisons sont muettes.

(2) Les mots terminés en *ots, oths, auds, auts* se lient à la rencontre de toute voyelle ou d'un *h* muet, comme ceux en *os,* sans égard aux consonnes qui précèdent le *s* final qui sont sourdes dans ces terminaisons.

Observez: 1° que le mot *vos* ne se lie pas avec l'adverbe *oui*: Tous vos | oui ne sauraient me persuader; 2° que *b* et *p* se prononcent dans les noms propres terminés en *obs* et en *ops. b* sonne aussi dans *robs.*

| | |
|---|---|
| Un gro-z'ome. | Un gros homme. |
| Repo-z'éternel, | Repos éternel. |
| Cacho-z'obscurs. | Cachots obscurs. |
| Des po-z'en terre. | Des pots en terre. |
| Des visigo-z'audacieux. | Des visigoths audacieux. |
| Des ostrogo-z'indiscrets. | Des ostrogoths indiscrets. |
| Nigau-z'indécis. | Nigauds indécis. |
| Marau-z'adroits. | Marauds adroits. |
| Des sau-z'irréguliers. | Des sauts irréguliers. |
| Défau-z'abominables. | Défauts abominables. |
| Siro-z'agréables à boire. | Sirops agréables à boire. |
| Ces galo-z'emportent. | Ces galops emportent. |
| Cécrop-z'épousa Aglaure. | Cécrops épousa Aglaure. |
| Pélop-z'épousa hippoda-mie. | Pélops épousa Hippoda-mie. |
| Op-z'était fils de Cœlus. | Ops était fils de Cœlus. |
| Rob-z'agréables au goût. | Robs agréables au goût. |

*Des mots terminés en* us, ues, eues, uts, uths, uds, ubs *et de ceux en* eus, eues, œuds (*son eu*) *et manière de les lier* (1).

| | |
|---|---|
| Jésu-z'enfant. | Jésus enfant. |
| Romulu-z'et Rémus. | Romulus et Rémus. |
| Il est plu-z'obligeant que vous. | Il est plus obligeant que vous. |
| Ru-z'étroites. | Rues étroites. |
| Avenu-z'agréables. | Avenues agréables. |

---

(1) *S* final des mots terminés en *us, eus, eues, uts, uths, uds, eus, eues, œuds*, et *ubs* se lie à la rencontre de tout mot commençant par une voyelle ou un *h* muet.

*B* sonne dans les mots terminés en *ubs*.

| | |
|---|---|
| Statu-z'équestres. | Statues équestres. |
| Statu-z'allégoriques. | Statues allégoriques. |
| J'u-z'une entrevue avec sa mère. | J'eus une entrevue avec sa mère. |
| Tribu-z'onéreux. | Tributs onéreux. |
| Débu-z'agréables. | Débuts agréables. |
| D'après les statu-z'arrêtés. | D'après les statuts arrêtés. |
| Des lu-z'armonieux. | Des luths harmonieux. |
| Des lu-z'à jouer. | Des luths à jouer. |
| Des talmu-z'en vente. | Des talmuds en vente. |
| Les club-z'assemblés. | Les clubs assemblés. |
| Des bas bleu-z'et blancs. | Des bas bleus et blancs. |
| Des keu-z'écorchées. | Des queues écorchées. |
| Des neu-z'assortis. | Des nœuds assortis. |

*Des mots terminés en* ous, oues, ouds, outs, oups, oubs *et manière de les lier* (1).

| | |
|---|---|
| Mettons-nou-z'à l'abri. | Mettons-nous à l'abri. |
| Vou-z'irez chez lui. | Vous irez chez lui. |
| Partez tou-z'ensemble. | Partez tous ensemble. |
| Plaçons-nous sou-z'un arbre. | Plaçons-nous sous un arbre. |
| Des jou-z'affreuses. | Des joues affreuses. |
| Des rou-z'à vapeur. | Des roues à vapeur. |
| Des égou-z'infects. | Des égouts infects. |
| Des gou-z'absurdes. | Des goûts absurdes. |
| Ragou-z'excellents. | Ragoûts excellents. |

(1) *S* final des mots terminés en *ous, oues, ouds, outs, oups, oubs,* se lie à la rencontre de toute voyelle ou d'un *h* muet.

NOTA. L'articulation du *b* doit se faire sentir dans le mot *radoubs,*

| | |
|---|---|
| Des cou-z'imprévus. | Des coups imprévus. |
| Des lou-z'affamés. | Des loups affamés. |
| Tu cou-z'assez bien. | Tu couds assez bien. |
| Radoub-z'incomplets. | Radoubs incomplets. |

*Des mots terminés en* ois, eois oies, oids, oits, oigts, uis, uids, uits *et manière de les lier* (1).

| | |
|---|---|
| Des boi-z'épais. | Des bois épais. |
| Tu reçoi-z'à merveille. | Tu reçois à merveille. |
| Deux moi-z'environ. | Deux mois environ. |
| Troi-z'enfants. | Trois enfants. |
| J'aperçoi-z'une issue. | J'aperçois une issue. |
| Il vient quelquefoi-z'ici. | Il vient quelquefois ici. |
| Des bourjoi-z'avares. | Des bourgeois avares. |
| Des soi-z'écrues. | Des soies écrues. |
| Des voi-z'étroites. | Des voies étroites. |
| Des poi-z'énormes. | Des poids énormes. |
| Des froi-z'intenses. | Des froids intenses. |
| Des endroi-z'éloignés. | Des endroits éloignés. |
| J'ai deux doi-s'écorchés. | J'ai deux doigts écorchés. |
| J'en sui-z'indigné. | J'en suis indigné. |
| Tu sui-z'à pied. | Tu suis à pied. |
| Tu poursui-z'une chi-<br>mère. | Tu poursuis une chi-<br>mère. |
| Depui-z'un jour je l'at-<br>tends. | Depuis un jour je l'at-<br>tends. |
| Des mui-z'en bois. | Des muids en bois. |

---

(1) Liez à la rencontre de toute voyelle ou d'un *h* muet les mots terminés en: *ois*, *eois*, *oies*, *oids*, *oits*, *oigts*, *uis*, *uids* et *uits*, sans égard aux consonnes qui précèdent le *s* final qui, dans ces terminaisons, sont toutes muettes.

| | |
|---|---|
| Voilà des condui-z'é-troits. | Voilà des conduits é-troits. |
| Que de nui-z'affreuses j'ai passées en ces lieux. | Que de nuits affreuses j'ai passées en ces lieux. |
| Rédui-z'obscurs. | Réduits obscurs. |

*Des mots terminés en* **ans, ancs, angs, ands, ants, aons, ams, amps, emps, empts, ends, engs, ens, ents** *et manière de les lier* (1).

| | |
|---|---|
| Habitan-z'affables. | Habitants affables. |
| Ruban-z'en soie. | Rubans en soie. |
| Vétéran-z'infirmes. | Vétérans infirmes. |
| Vous irez san-z'elle. | Vous irez sans elle. |
| Des ban-z'étroits. | Des bancs étroits. |
| Les blan-z'et les noirs. | Les blancs et les noirs. |
| Soyez fran-z'et loyaux. | Soyez francs et loyaux. |
| Des étan-z'à sec. | Des étangs à sec. |
| Des brigan-z'insignes. | Des brigands insignes. |
| Gran-z'omes. | Grands hommes. |
| Gan-z'élégants. | Gants élégants. |
| Des géan-z'extraordinai-res. | Des géants extraordinai-res. |
| Des pan-z'importuns. | Des paons importuns. |
| Des quidan-z'entrèrent. | Des quidams entrèrent. |
| Des can-z'imprenables. | Des camps imprenables. |
| Des chan-z'incultes. | Des champs incultes. |

---

(1) Les mots terminés en *ans, ancs, angs, ands, ants, aons, ams, amps, emps, empts, ends, engs, ens, ents* se lient à la rencontre de tout mot commençant par une voyelle ou un *h* muet, sans égard aux consonnes qui précèdent le *s* final qui, dans ces terminaisons, sont toutes muettes.

| | |
|---|---|
| Oh! quel tan-z'affreux! | Oh! quel temps affreux! |
| On mit dè-z'exan-z'à sa poursuite. | On mit des exempts à sa poursuite. |
| Tu lui ran-z'un grand service. | Tu lui rends un grand service. |
| Dè haran-z'encaqués. | Des harengs encaqués. |
| Des jan-z'affables. | Des gens affables. |
| Accidan-z'imprévus. | Accidents imprévus. |
| Dan-z'ébréchées. | Dents ébréchées. |
| Dan-z'artificielles. | Dents artificielles. |
| Ardan-z'admirateurs. | Ardents admirateurs. |

Il n'est point ici bas de lumière sans ombres. Aucun de nous ne sait combien il a de temps à vivre. Il n'y a point de roses sans épines. Dieu viendra juger les vivants et les morts.

*Des mots terminés en* ens, iens, ins, aims, ains, aings, aints, eins, eints, eings, ingts *et manière de les lier* (1).

| | |
|---|---|
| Examén-z'indispensables. | Examens indispensables. |
| Hymén-z'heureux. | Hymens heureux. |
| Abdomén-z'enflés. | Abdomens enflés. |
| Vendéén-z'intrépides. | Vendéens intrépides. |
| Européén-z'industrieux. | Européens industrieux. |
| Chién-z'affamés. | Chiens affamés. |

---

(1) Les mots terminés en *ens, iens, ins, aims, ains, aings, aints, eins, eints, eings, ingts* se lient à la rencontre de tout mot commençant par une voyelle ou un *h* muet, sans égard aux consonnes qui précèdent le *s* final qui sont sourdes dans toutes ces terminaisons.

NOTA. *E* des mots terminés en *ens* et en *iens* sonne *é* et non *i*.

| | |
|---|---|
| Entretién-z`agréables. | Entretiens agréables. |
| Citoyén-z'avides. | Citoyens avides. |
| Des moyén-z'efficaces. | Des moyens efficaces. |
| Des bién-z'imaginaires. | Des biens imaginaires. |
| Des musicién-z'habiles. | Des musiciens habiles. |
| Vién-z'ici. | Viens ici. |
| Tu t'en souvién-z'aussi. | Tu t'en souviens aussi. |
| Tu te contién-z'un peu plus. | Tu te contiens un peu plus. |
| Tu devién-z'injuste. | Tu deviens injuste. |
| Moulin-z'à vent. | Moulins à vent. |
| Voisin-z'importuns. | Voisins importuns. |
| Chemin-z'étroits. | Chemins étroits. |
| Vins-z'exquis. | Vins exquis. |
| Divin-z'objets. | Divins objets. |
| Malin-z'enfants. | Malins enfants. |
| Din-z'agiles. | Daims agiles. |
| Essin-z'innombrables. | Essaims innombrables. |
| Vin-z'efforts. | Vains efforts. |
| Afrikin-z'avides. | Africains avides. |
| Des bin-z'aromatisés. | Des bains aromatisés. |
| Dédin-z'affreux. | Dédains affreux. |
| Des parpin-z'en pierre de taille. | Des parpaings en pierre de taille. |
| Les sin-z'et les saintes. | Les saints et les saintes. |
| Min-z'ouvrages. | Maints ouvrages. |
| Les sin-z'évangiles. | Les saints évangiles. |
| Des sin-z'évêques. | Des saints évêques. |
| J'ai les rin-z'écorchés. | J'ai les reins écorchés. |
| Dessin-z'affreux. | Desseins affreux. |
| Ils furent attin-z'à temps. | Ils furent atteints à temps. |
| Des sin-z'authentiques. | Des seings authentiques. |

*Des mots terminés en* ons, aons, ions, oncs, onds, ongs, onts, ombs, omps, oms, ompts *et manière de les lier* (1).

| | |
|---|---|
| Mes bon-z'amis. | Mes bons amis. |
| Charbon-z'ardents. | Charbons ardents. |
| Balcon-z'élevés. | Balcons élevés. |
| Vallon-z'enfoncés. | Vallons enfoncés. |
| Bâton-z'à girouette. | Bâtons à girouettes. |
| Les ton-z'importunent les vaches. | Les taons importunent les vaches. |
| Conspiration-z'atroces. | Conspirations atroces. |
| Portion-z'abondantes. | Portions abondantes. |
| Mention-z'honorables. | Mentions honorables. |
| Omission-z'involontaires. | Omissions involontaires. |
| Des jon-z'insipides. | Des joncs insipides, |
| Répon-z'à sa question. | Réponds à sa question. |
| Profon-z'écueils. | Profonds écueils. |
| Lon-z'apprêts. | Longs apprêts. |
| Pon-z'élancés. | Ponts élancés. |
| Plon-z'homicides. | Plombs homicides. |
| Non-z'illustres. | Noms illustres. |
| Surnon-z'agréables. | Surnoms agréables. |
| Pronon-z'indéfinis. | Pronoms indéfinis. |
| Tu ron-z'une bonne affaire. | Tu romps une bonne affaire. |
| Pron-z'à se fâcher. | Prompts à se fâcher. |

---

(1) Les mots terminés en *ons, aons, ions, oncs, onds, ongs, onts, ombs, omps, oms, omps* et *ompts* se lient à la rencontre de tout mot commençant par une voyelle ou un *h* muet, sans égard aux consonnes qui précèdent le *s* final qui sont muettes dans toutes ces terminaisons.

*Des mots terminés en* oins, oings, oints, uins,
uints, uns, ums, unts *et manière de les lier* (**1**).

| | |
|---|---|
| Témoin-z'éclatants. | Témoins éclatants. |
| Soin-z'assidus. | Soins assidus. |
| Recoin-z'obscurs. | Recoins obscurs. |
| Besoin-z'urgents. | Besoins urgents. |
| Poin-z'enflés. | Poings enflés. |
| Poin-z'horizontaux. | Points horizontaux. |
| Ces fruits sont join-<br>z'ensemble. | Ces fruits sont joints en-<br>semble. |
| Bédouin-z'inconstants. | Bédouins inconstants. |
| Des babouin-z'horribles. | Des baboins horribles. |
| Des suin-z'ouverts. | Des suints ouverts. |
| Tribun-z'intrépides. | Tribuns intrépides. |
| Lè-z'eun-z'é les autres. | Les uns et les autres. |
| Parfeun-z'agréables. | Parfums agréables. |
| Mes défeun-z'amis. | Mes défunts amis. |
| Empreun-z'autorisés | Emprunts autorisés. |

*Des mots terminés en* acs, acts, ecs, ects, ics, icts,
iscs, ocs, oqs, ucs, oucs, incts, alcs, urcs *et
manière de les lier* (**2**).

| | |
|---|---|
| Lak-z'immenses. | Lacs immenses. |
| Sak-z'en toiles. | Sacs en toiles. |

---

(1) Les mots terminés en *oins, oings, oints, ouins, uints, uns,
ums* et *unts* se lient à la rencontre de tout mot commençant par
une voyelle ou un *h* muet, sans égard aux consonnes qui précèdent le *s* final qui sont muettes dans toutes ces terminaisons.

(2) Les mots terminés en *acs, acts, ecs, ects, ics, icts, iscs, ocs,*

| | |
|---|---|
| Ils sont exak-z'à se rendre. | Ils sont exacts à se rendre. |
| Grèk-z'instruits. | Grecs instruits. |
| Ces vins sont sèk-z'et fades. | Ces vins sont secs et fades. |
| Respèk-z'outrés. | Respects outrés. |
| Aspèk-z'effrayants. | Aspects effrayants. |
| Syndik-z'éclairés. | Syndics éclairés. |
| Alambik-z'en cuivre. | Alambics en cuivre. |
| Des fisk-z'onéreux. | Des fisc onéreux. |
| Des distrik-z'immenses. | Des districts immenses. |
| Blok-z'en marbre. | Blocs en marbre. |
| Des sok-z'épointés. | Des socs épointés, |
| Duk-z'et pairs. | Ducs et pairs. |
| Aqueduk-z'étroits. | Aqueducs étroits. |
| Des bruits distink-z'et clairs. | Des bruits distincts et clairs. |
| Des park-z'entourés de fossés. | Des parcs entourés de fossés. |
| Ark-z'ornés de figures. | Arcs ornés de figures. |
| Talk-z'en feuilles. | Talcs en feuilles. |
| Turk-z'impitoyables. | Turcs impitoyables. |
| Deux mar-z'et demi. | Deux marcs et demi. |
| Estoma-z'affaiblis. | Estomacs affaiblis. |

---

*oqs, ucs, oucs, incts, alcs, urcs* se lient avec le *s* final à la rencontre de tout mot commençant par une voyelle ou un *h* muet.

Observez que tous les substantifs composés se lient au pluriel de la même manière qu'au singulier.

| | |
|---|---|
| Dresser des la-z'aux cerfs. | Dresser des lacs aux cerfs. |
| Des cro-z'en fer. | Des crocs en fer. |
| Des cro-z'acérés. | Des crocs acérés. |
| Escro-z'effrontés. | Escrocs effrontés. |
| Il a fait des accro-z'à son habit. | Il a fait des accrocs à son habit. |
| Ami-z'en fil. | Amicts en fil. |
| Des krok'an jambe. | Des crocs en jambe. |
| Des cok'à l'âne. | Des coq-à-l'âne. |
| Ark'an ciel. | Arcs-en-ciel. |
| Fran-k'alleux. | Francs alleux. |
| Des por-k'épics. | Des porcs épics. |
| Des guè-t'à pan. | Des guets-apens, |
| Des po-t'au feu. | Des pots au feu. |
| Des fiè-r'à bras. | Des fiers à bras. |
| Bran-ch'ursines. | Branches ursines. |
| Des maîtrè-z'arts. | Des maîtres-ès-arts. |
| Des vè-r'à soie. | Des vers-à-soie. |
| Des cha--r'à ban. | Des chars-à-bancs. |
| A to-r'é à travèr. | A tort et à travers. |

*Des mots terminés en* **afs, efs, ifs, ofs, ufs, oufs, eufs, œufs, erfs** *et manière de les lier* (1).

| | |
|---|---|
| Des raf-z'épouvantables. | Des rafs épouvantables. |
| Chèf-z'intrépides. | Chefs intrépides. |

---

(1) Les mots terminés en *afs, efs, ifs, ofs, ufs, oufs, eufs, œufs* et *erfs* se lient à la rencontre de toute voyelle ou d'un *h* muet. Le *f* pénultième se fait légèrement sentir avant la liaison. Il va sans dire que l'on ne fera point sonner au pluriel le *f* dans les mots ou cette consonne est sourde au singulier.

Nèf-z'antiques.                 Nefs antiques.
Grièf-z'atroces.                Griefs atroces.
Juif-z'errants.                 Juifs errants.
Canif-z'aiguisés.               Canifs aiguisés.
Captif-z'enchaînés.             Captifs enchaînés.
Des lof-z'usés.                 Des lofs usés.
Des tuf-z'à chaîne en fil       Des tufs à chaîne en fil
    d'étoupe.                       d'étoupe.
Des pouf-z'épouvanta-           Des poufs épouvanta-
    bles.                          bles.
Veuf-z'inquiets.                Veufs inquiets.
Les neuf-z'et les vieux.        Les neufs et les vieux.
Serf-z'assujétis.               Serfs assujétis.
Des clé-z'uzées.                Des clefs usées.
Eteu-z'en crin.                 Eteufs en crin.
Eu-z'à la coque.                OEufs à la coque.
Beu-z'à vendre.                 Bœufs à vendre.
Nèr-z'impressionnables.         Nerfs impressionnables.
Nèr-z'olfaltifs.                Nerfs olfaltifs.
Cèr-z'agiles.                   Cerfs agiles.

*Des mots terminés en* als, els, ils, ols, uls, euls, oils, ouls *et manière de les lier* (1).

Des bal-z'agréables.            Des bals agréables.
Repas frugal-z'et cham-         Repas frugals et champê-
    pêtres.                        tres.



---

(1) RÈGLE. — L'articulation du *l* pénultième des mots terminés en *als, els, ils, ols, uls, euls, oils* et *ouls* se fait sentir avant d'opérer la liaison du *s* final qui a lieu à la rencontre de toute voyelle ou d'un *h* muet.

NOTA. Tout *l* muet au singulier ne se fait point sentir au pluriel.

7

| | |
|---|---|
| Eternèl-z'adieux. | Eternels adieux. |
| Paraçol-z'élégants. | Parasols élégants. |
| Entreçol-z'habités. | Entresols habités. |
| Calcul-z'astronomiques. | Calculs astronomiques. |
| Consul-z'intègres. | Consuls intègres. |
| Nul-z'égards. | Nuls égards. |
| Mes seul-z'amis. | Mes seuls amis. |
| Capitoul-z'indiscrets. | Capitouls indiscrets. |
| Péril-z'inévitables. | Périls inévitables. |
| O vil-z'hypocrites. | O vils hypocrites. |
| Vil-z'adulateurs. | Vils adulateurs. |
| Exil-z'affreux. | Exils affreux. |
| Babil-z'ennuyeux. | Babils ennuyeux. |
| Ils sont soû-z'à chan-celer. | Ils sont soûls à chance-ler. |
| Pou-z'agités. | Pouls agités. |
| O fi-z'ingrat ! | O fils ingrat ! |
| Ses fi-z'impatients. | Ses fils impatients. |
| Des fusi-z'à piston. | Des fusils à piston. |
| Des gri-z'en fer. | Des grils en fer. |
| Outi-z'ébréchés. | Outils ébréchés. |
| Genti-z'enfants. | Gentils enfants. |

*Des mots terminés en* ails, eils, euils, ueils *et manière de les lier* (1).

| | |
|---|---|
| Détail-z'ennuyeux. | Détails ennuyeux. |
| Attirail-z'inutiles. | Attirails inutiles. |

---

(1) Les mots terminés en *ails, eils, euils* et *ueils* se lient à la rencontre de toute voyelle ou d'un *h* muet.

NOTA. On doit lier le son expirant du *il* mouillé de ces diverses finales au *s* qui doit s'unir à la voyelle du mot suivant.

| | |
|---|---|
| Camail-z'élégants. | Camails élégants. |
| Conseil-z'officieux. | Conseils officieux. |
| Linceuil-z'uzés. | Linceuils usés. |
| Seuil-z'étroits. | Seuils étroits. |
| Chevreuil-z'agiles. | Chevreuils agiles. |
| Fauteuil-z'ornés. | Fauteuils ornés. |
| Cercueil-z'en bois. | Cercueils en bois. |

*Des mots terminés en* ars, ards, arts, ers, iers, ercs, erts, erds, airs, irs, yrs, orcs, ords, orts, orps, ors, urs, ours, ourds, ourgs, ourts, eurs, ieurs, œurs, eurts, oirts *et manière de les lier* (1).

| | |
|---|---|
| Venir commē mar-z'en carême. | Venir comme mars en carême. |
| Regar-z'indiscrets. | Regards indiscrets. |
| Des poignar-z'éguisés. | Des poignards aiguisés. |
| Les ar-z'et métiers. | Les arts et métiers. |
| Dépar-z'imprévus. | Départs imprévus. |
| Hiver-z'opiniâtres. | Hivers opiniâtres. |
| Belvéder-z'élevés. | Belvéders élevés. |
| Mes cher-z'amis. | Mes chers amis. |

(1) Les mots terminés en *ars, ards, arts, ers, iers, ercs, erts, erds, airs, irs, yrs, orcs, ords, orts, orps, ors, urs, ours, ourds, ourgs, ourts, eurs, ieurs, œurs, eurts, oirs* se lient et se prononcent comme ceux en *ars, ers, irs, ors, ours eurs* sans égard aux consonnes qui précèdent le *s* final qui, dans ces terminaisons, sont muettes. Cependant, les mots, qui ont une de ces terminaisons au singulier, se lient avec le *r* et non avec le *s* final. Les monosyllabes de ces noms qui ont une de ces terminaisons se lient avec le *s* final, tant au singulier qu'au pluriel. Les verbes et les noms de géographie se lient avec le *r* pénultième ou antépénultième et non avec le *s* final.

| | |
|---|---|
| Volons ver-z'elle. | Volons vers elle. |
| Diver-z'accidents. | Divers accidents. |
| Ils sont fier-z'avec tout le monde. | Ils sont fiers avec tout le monde. |
| Tier-z'État. | Tiers État. |
| Des cler-z'assidus. | Des clers assidus. |
| Concer-z'harmonieux. | Concerts harmonieux. |
| Déser-z'affreux. | Déserts affreux. |
| Eclair-z'éblouissants. | Eclairs éblouissants. |
| Souvenir-z'affreux. | Souvenirs affreux. |
| Visir-z'injustes. | Visirs injustes. |
| Zéphir-z'agréables. | Zéphyrs agréables. |
| Des por-z'immondes. | Des porcs immondes. |
| Rebor-z'élevés. | Rebords élevés. |
| Accord-z'harmonieux. | Accords harmonieux. |
| Remor-z'affreux. | Remords affreux. |
| Ressor-z'usés. | Ressorts usés. |
| Tor-z'irréparables. | Torts irréparables. |
| Que de cor-z'entassés. | Que de corps entassés. |
| Trésor-z'enfouis. | Trésors enfouis. |
| Des mur-z'élevés. | Des murs élevés. |
| Ce sont des futur-z'assortis. | Ce sont des futurs assortis. |
| Un our-z'affamé. | Un ours affamé. |
| Des our-z'affamés. | Des ours affamés. |
| Il est toujour-z'occupé. | Il est toujours occupé. |
| Un singe habillé de soie est toujour-z'un singe. | Un singe habillé de soie est toujours un singe. |
| Les manières polies donnent cour-z'au mérite. | Les manières polies donnent cours au mérite. |
| Les sour-z'et muets. | Les sourds et muets. |
| Des velour-z'anglais. | Des velours anglais. |

| | |
|---|---|
| Tous les faubour-z'é- | Tous les faubourgs étaient |
| taient fortifiés. | fortifiés. |
| Discour-z'absurdes. | Discours absurdes. |
| Cheveux cour-z'et crépus. | Cheveux courts et crépus. |
| Voyageur-z'indigents. | Voyageurs indigents. |
| Douleur-z'aiguës. | Douleurs aiguës. |
| Parleur-z'irascibles. | Parleurs irascibles. |
| Parleur-z'immodérés. | Parleurs immodérés. |
| Ambassadeur-z'exacts. | Ambassadeurs exacts. |
| Rieur-z'insipides. | Rieurs insipides. |
| Keur-z'endurcis. | Cœurs endurcis. |
| Seur-z'utérines. | Sœurs utérines. |
| Miroir-z'ardents. | Miroirs ardents. |
| Rasoir-z'aiguisés. | Rasoirs aiguisés. |
| Mouchoir-z'en fil. | Mouchoirs en fil. |

*Des mots terminés en* ars, ers, iers, ors, orps *et* ours *dont la liaison s'opère au singulier avec le* r *pénultième ou antépénultième et non avec le* s *final.*

| | |
|---|---|
| Je pa-r'après demain. | Je pars après demain. |
| Tu pa-r'aussi ? | Tu pars aussi ? |
| Cet épa-r'est trop mince pour les brancards de ce chariot. | Cet épars est trop mince pour les brancards de ce chariot. |
| La ville de Thoua-r'est située sur une colline. | La ville de Thouars est située sur une colline. |
| Tout l'univè-r'entier. | Tout l'univers entier. |
| Je sè-r'un bon maître. | Je sers un bon maître. |
| Un tiè-r'opposant. | Un tiers opposant. |
| Le tiè-r'et le quart. | Le tiers et le quart. |

| | |
|---|---|
| Je pè-r'une forte somme. | Je perds une forte somme. |
| Porter un co-r'en terre. | Porter un corps en terre. |
| Je so-r'à l'instant. | Je sors à l'instant. |
| Un concou-r'assuré. | Un concours assuré. |
| Tou-r'était la capitale de la Touraine. | Tours était la capitale de la Touraine. |
| Tu cou-r'après une chimère. | Tu cours aprés une chimère. |
| Du velou-r'anglais. | Du velours anglais. |
| Tu encou-r'une peine. | Tu encours une peine. |
| Tu secou-r'un vrai malheureux. | Tu secours un vrai malheureux. |

*De certains mots terminés en* ers, iers, ieurs et *manière de les lier* (1).

| | |
|---|---|
| Bergé-z'assidus. | Bergers assidus. |
| Coché-z'adroits. | Cochers adroits. |
| Messagé-z'exacts. | Messagers exacts. |
| Ménagé-z'avares. | Ménagers avares. |
| Trésorié-z'intègres. | Trésoriers intègres. |
| Usurié-z'odieux. | Usuriers odieux. |
| Des panié-z'élégants. | Des paniers élégants. |
| Des batelié-z'adroits. | Des bateliers adroits. |

---

(1) On doit supprimer le *r* pénultième dans les terminaisons en *ers* et en *iers*, dans tous les mots ou cette liquide ne se prononce pas au singulier ; mais on doit toujours lier avec l'articulation du *z* le *s* final lorsqu'il est immédiatement suivi d'une voyelle ou d'un *h* muet.

Observez que *r* est muet dans le mot *messieurs* et que l'adverbe *volontiers* que l'on prononce *volontié* ne se lie jamais à la rencontre d'un mot commençant par une voyelle ou un *h* muet.

| | |
|---|---|
| Légé-z'ennuis. | Légers ennuis. |
| Ses dernié-z'adieux. | Ses derniers adieux. |
| Voilà de singulié-z'objets. | Voilà de singuliers objets. |
| Mes premié-z'essais. | Mes premiers essais. |
| Premié-z'indices. | Premiers indices. |
| Messieu-z'et cher-z'amis. | Messieurs et chers amis. |
| Tous ces messieu-z'y vinrent. | Tous ces messieurs y vinrent. |
| J'irais volontié \| avec lui. | J'irais volontiers avec lui. |

## Du X final à la rencontre d'une voyelle ou d'un H muet.

*Des mots terminés en* aix, oix, oux, aux *et* eux (1).

| | |
|---|---|
| La pè est conclue. | La paix est conclue. |
| Une pè inaltérable. | Une paix inaltérable. |
| La pè a été signée. | La paix a été signée. |
| Ce fè est lourd. | Ce faix est lourd. |
| Une voua agréable. | Une voix agréable. |
| Une croua enferrée. | Une croix enferrée. |
| La croua a été sanctifiée par Jésus-Christ. | La croix a été sanctifiée par Jésus-Christ. |
| Une noua écalée. | Une noix écalée. |
| Une noua angleuse. | Une noix angleuse. |
| Une croua en pierre. | Une croix en pierre. |
| Une voua éclatante. | Une voix éclatante. |
| Un jalou intraitable. | Un jaloux intraitable. |

---

(1) Les noms en *aix, oix, oux, aux* et *eux* terminés au singulier par un *x* muet ne se lient point à la rencontre d'une voyelle ni d'un *h* muet.

| | |
|---|---|
| Un épou inquiet. | Un époux inquiet. |
| Chau éteinte. | Chaux éteinte. |
| Etre à chau et à sable. | Etre à chaux et à sable. |
| Chau hydratée. | Chaux hydratée. |
| Un vaniteu insolent. | Un vaniteux insolent. |
| Un orgueilleu entrepre-<br>nant. | Un orgueilleux entrepre-<br>nant. |

*Des mots terminés en* aix, aux, eaux, eux, œux,
oix, oux *et manière de les lier* (1).

| | |
|---|---|
| Ai-z'en Provence. | Aix en Provence. |
| Travau-z'utiles. | Travaux utiles. |
| Elles aspirent au-z'hon-<br>neurs. | Elles aspirent aux hon-<br>neurs. |
| Chevau-z'alertes. | Chevaux alertes. |
| Des cizeau-z'en argent. | Des ciseaux en argent. |
| Fau-z'accords. | Faux accords. |
| Des signau-z'assurés. | Des signaux assurés. |
| Au-z'omes. | Aux hommes. |
| Un fameu-z'imposteur. | Un fameux imposteur. |
| Un fau-z'emploi. | Un faux emploi. |
| Des fameux imposteurs. | Des fameux imposteurs. |
| C'est un heureu-z'ex-<br>ploit. | C'est un heureux ex-<br>ploit. |
| Des heureu-z'exploits. | Des heureux exploits. |
| Deu-z'omes. | Deux hommes. |

---

(1) Les mots terminés en *aix, aux, eaux, eux, œux, oix* et *oux*
se lient à la rencontre d'une voyelle ou d'un *h* muet: 1° tous les
mots dont le *x* final est sonore; 2° tous les verbes; 3° tous les
adjectifs suivis de leurs substantifs; 4° les substantifs suivis de leurs
adjectifs seulement au pluriel, ainsi que les noms de nombre.

| | |
|---|---|
| Jeu-z'innocents. | Jeux innocents. |
| Aveu-z'indiscrets. | Aveux indiscrets. |
| Affreu-z'état. | Affreux état. |
| Tu peu-z'écrire. | Tu peux écrire. |
| Tu peu-z'attendre. | Tu peux attendre. |
| Tu en veu-z'une, de ces poires ? | Tu en veux une, de ces poires ? |
| Feu-z'ardents. | Feux ardents. |
| Veu-z'indiscrets. | Vœux indiscrets. |
| Cheveu-z'épars. | Cheveux épars. |
| Des yeu-z'égarés. | Des yeux égarés. |
| Lieu-z'âpres. | Lieux âpres. |
| Glorieu-z'éclats. | Glorieux éclats. |
| Il vaut mieu-z'avoir moins de science et plus de conscience. | Il vaut mieux avoir moins de science et plus de conscience. |
| Des voi-z'agréables. | Des voix agréables. |
| Des croi-z'enferrées. | Des croix enferrées. |
| Des noi-z'angleuses. | Des noix angleuses. |
| Des croi-z'en pierres. | Des croix en pierres. |
| Un dou-z'entretien. | Un doux entretien. |
| De dou-z'entretiens. | De doux entretiens. |
| Des jalou-z'intraitables. | Des jaloux intraitables. |
| Des épou-z'heureux. | Des époux heureux. |
| Des épou-z'en colère. | Des époux en colère. |

*Des mots terminés en* ix *et en* ux *et manière de les lier* (1).

| | |
|---|---|
| Si-z'omes. | Six hommes. |
| Si-z'oiseaux. | Six oiseaux. |

---

(1) Règle. — *X* final se lie dans les mots terminés en *ix* et en

| | |
|---|---|
| Di-z'écus. | Dix écus. |
| Di-z'enfants. | Dix enfants. |
| Un crucifi-z'en ivoire. | Un crucifix en ivoire. |
| Un pri-z'énorme. | Un prix énorme. |
| Cadi-z'en Espagne. | Cadix en Espagne. |
| Des perdri-z'apprivoisées. | Des perdrix apprivoisées. |
| Un flu-z'hépatique. | Un flux hépatique. |
| La fortune a son flu-z'et reflux (reflu). | La fortune a son flux et reflux. |
| Félik-z'aime bien sa mère. | Félix aime bien sa mère. |
| Phénik-z'inventa, dit-on, les lettres grecques. | Phénix inventa, dit-on, les lettres grecques. |
| C'est un préfik-z'élevé. | C'est un préfix élevé. |
| Polluk-z'était frère de Castor. | Pollux était frère de Castor. |

*Des mots terminés en* ax, ex, yx, ox, inx, ynx *et manière de les lier* (1).

| | |
|---|---|
| Borak-z'aboyant. | Borax aboyant. |
| Astianak-z'emmené en Epire. | Astyanax emmené en Epire. |
| Ajak-z'et Ulysse. | Ajax et Ulysse. |

*ux* à la rencontre de toute voyelle ou d'un *h* muet.

Observez: 1° que les finales en *ix* et en *ux* se prononcent les unes en *is* et en *us* et les autres en *iks* et en *uks*; la liaison dans les deux cas, s'opère toujours avec l'articulation du *z*; 2° que le *k* ne se fait point sentir dans les mots où le *x* final est muet ou lorsqu'il se prononce comme *s*.

(1) Tous les mots terminés en *ax, ex, yx, ox, inx* et *ynx* se lient avec l'articulation du *kz* à la rencontre de toute voyelle ou d'un *h* muet.

| | |
|---|---|
| Ek-z'abbé. | Ex abbé. |
| Ek-z'ermite. | Ex ermite. |
| Ek-z'ingénieur. | Ex ingénieur. |
| L'indek-z'étendu. | L'index étendu. |
| Le murek-z'a la forme d'un rocher hérissé de pointes. | Le murex a la forme d'un rocher hérissé de pointes. |
| Palafok-z'était marquis d'Ariza. | Palafox était marquis d'A- riza. |
| Fok-z'orateur célèbre, naquit à Londres, | Fox orateur célèbre, naquit à Londres. |
| Coysevok-z'a été surnom- mé le Van Dick de la sculpture. | Coysevox a été surnommé le Van Dick de la sculpture. |
| Le Stik-z'infernal. | Le Styx infernal. |
| Sirink-z'implora le se- cours des Naïades. | Syrinx implora le secours des Naïades. |
| Le Sphink-z'avait le vi- sage d'une femme. | Le Sphinx avait le visage d'une femme. |
| Le link-z'habite l'Afri- que. | Le lynx habite l'Afri- que. |

*De la liaison des palatales* k, q, c, che *et* g.

## De la liaison du K et du Q.

*Des mots terminés par* k *et* q *et manière de les lier* (1).

| | |
|---|---|
| Lara-k'est une liqueur. | Larack est une liqueur. |
| Un biftè-k'à l'anglaise. | Un bifteck à l'anglaise. |

---

(1) Tous les mots terminés par un *k* ou *q* se lient, sans excep-

| | |
|---|---|
| Un cari-k'usé. | Un carick usé. |
| Un pachali-k'immense. | Un pachalik immense. |
| Le lyapo-k'est un petit quadrupède. | Le lyapock est un petit quadrupède. |
| Inspru-k'en Allemagne. | Inspruck en Allemagne. |
| Cin-k'enfants. | Cinq enfants. |
| Cin-k'heures. | Cinq heures. |
| Cin-k'octobre. | Cinq octobre. |
| Cin-k'omes. | Cinq hommes. |
| Cin-k'exemples. | Cinq exemples. |
| Co-k'altier. | Coq altier. |
| Co-k'à l'âne. | Coq-à-l'âne. |
| Etre comme un co-k'en pâte. | Etre comme un coq en pâte. |

### De la liaison du C.

*Les mots terminés en* ac, ec, ic, isc, oc, uc, ouc *et manière de les lier* (1).

| | |
|---|---|
| Taba-k'à fumer. | Tabac à fumer. |
| Un sa-k'en peau. | Un sac en peau. |
| Un ba-k'à décharge. | Un bac à décharge. |
| Hama-k'agité. | Hamac agité. |
| J'ai l'estoma-k'irrité. | J'ai l'estomac irrité. |
| Va ave-k'elle. | Va avec elle. |

---

tion, à la rencontre d'une voyelle ou d'un *h* muet. Le *c* qui précède le *k* final est nul dans la prononciation.

(1) *C* des mots terminés en *ac*, *ec*, *ic*, *isc*, *oc*, *uc*, *ouc*, se lie avec l'articulation du *k* devant la rencontre d'une voyelle ou d'un *h* muet. Le *s* qui précède le *c* final dans les terminaisons en *isc* se prononce.

| | |
|---|---|
| Le sè-k'é l'humide. | Le sec et l'humide. |
| Faire le bè-k'à quelqu'un. | Faire le bec à quelqu'un. |
| Ri-k'à ric. | Ric à ric. |
| De bri-k'et de broc. | De bric et de broc. |
| Alambi-k'en cuivre. | Alambic en cuivre. |
| Avoir les suffrages du publi-k'éclairé. | Avoir les suffrages du public éclairé. |
| Le fis-k'onéreux. | Le fisc onéreux. |
| Manger de la viande de bro-k'en bouche. | Manger de la viande de broc en bouche. |
| Un escro-k'éfronté | Un escroc effronté. |
| Il lui a donné un cro-k'en jambes. | Il lui a donné un croc en jambes. |
| Un aquedu-k'étroit. | Un aqueduc étroit. |
| Saint Lu-k'évangéliste. | Saint Luc évangéliste. |
| Le bou-k'émissaire. | Le bouc émissaire. |

*Des mots terminés en* anc, inc, onc *et manière de les lier* (1).

| | |
|---|---|
| Fran-k'arbitre. | Franc arbitre. |
| Fran-k'animal. | Franc animal. |
| Fran-k'étourdi | Franc étourdi. |
| Il le dément tout fran-k'et net. | Il le dément tout franc et net. |
| Du blan-k'au noir. | Du blanc au noir. |
| Rouge au soir, blan-k'au matin, c'est la journée du pélerin. | Rouge au soir, blanc au matin, c'est la journée du pélerin. |

(1) *C* des mots terminés en *anc, inc, onc* se lie avec l'articulation du *k* à la rencontre de tout mot commençant par une voyelle ou un

| | |
|---|---|
| Un ban-k'en mauvais état. | Un banc en mauvais état. |
| Zin-k'oxidé. | Zinc oxydé. |
| Zin-k'en navettes. | Zinc en navettes. |
| Votre père est don-k'ar- rivé. | Votre père est donc ar- rivé. |
| Un jon-k'insipide. | Un jonc insipide. |

**Dites sans liaisons :**

| | |
|---|---|
| Un blan \| épousa une négresse. | Un blanc épousa une né- gresse. |
| Cet enfant est fils d'un blan \| et d'une né- gresse. | Cet enfant est fils d'un blanc et d'une né- gresse. |
| Un fran \| et dix centimes. | Un franc et dix centimes. |

*Des mots terminés en* arc, orc, urc, erc *et manière de les lier* (1).

| | |
|---|---|
| Mar-k'Antoine. | Marc-Antoine. |
| Mar-k'Aurelle. | Marc-Aurelle. |
| Saint-Mar-k'évangéliste. | Saint Marc, évangéliste. |

---

*h* muet, à l'exception du mot *blanc* désignant un homme de couleur blanche, ainsi que du mot *franc* employé substantivement.

(1) *C* des mots terminés en *arc, orc, urc, erc* se lie avec l'articulation du *k* à la rencontre d'une voyelle ou d'un *h* muet, mais il ne se lie pas dans *Marc*, quand ce mot est employé pour exprimer un poids, une mesure ou la monnaie qui a cours en Allemagne, en Suède, etc., ou enfin l'orsqu'il énonce ce qui reste de plus grossier de quelque fruit ou de quelque herbe qu'on a pressé, comme du café ou autre substance qu'on a fait bouillir ou ce que l'on pressure à la fois de raisins ou de pommes, la liaison,

| | |
|---|---|
| Un par-k'immense. | Un parc immense. |
| Un ar-k'orné de diverses figures. | Un arc orné de diverses figures. |
| Un por-k'immonde. | Un porc immonde. |
| Un por-k'épic, | Un porc-épic. |
| Un tur-k'impitoyable. | Un turc impitoyable. |
| Un ma-r'et demi. | Un marc et demi. |
| Du ma-r'impur. | Du marc impur. |
| Un clè-r'instruit. | Un clerc instruit. |
| Compter de clè-r'à maî-tre. | Compter de clerc à maî-tre. |
| Un mauclè-r'insipide. | Un mauclerc insipide. |

### De la liaison du CH.

*Des mots terminés en* ach, ech, ich, och, uch, auch, irsch, unch *et manière de les lier* (1).

| | |
|---|---|
| Almana-k'instructif. | Almanach instructif. |
| Abimelè-k'était grand prêtre. | Abimelech était grand prêtre. |
| Zuri-k'en Suisse. | Zurich en Suisse. |
| Muni-k'est une belle ville. | Munich est une belle ville. |

---

alors, s'opère avec le *r* pénultième, ainsi que dans les mots ter-minés en *erc*.

(1) *Ch* final se lie de deux manières à la rencontre d'une voyelle ou d'un *h* muet. Ces lettres se lient avec l'articulation du *k* ou avec celle du *che*. Dans l'un et l'autre cas, la liaison a toujours lieu. *Ch* se lie avec l'articulation du *k*, lorsque ces lettres sont muettes ou sonores à la fin des mots et elles se lient avec l'articulation chuin-tante de *che* lorsquelles se prononcent à la française à la fin des mots.

| | |
|---|---|
| Héno-k'enlevé au ciel. | Hénoch enlevé au ciel. |
| Moso-k'était fils de Ja-phet. | Mosoch était fils de Japhet. |
| Saint Ro-k'et son chien. | Saint-Roch et son chien. |
| Baru-k'exécuta l'ordre du prophète. | Baruch exécuta l'ordre du prophète. |
| La fourrure du ri-k'est fine. | La fourrure du rich est fine. |
| La ville d'Au-ch'est près du Gers. | La ville d'Auch est près du Gers. |
| J'ai du kirs-ch'à vendre. | J'ai du kirsch à vendre. |
| On fait le pon-ch'avec des liqueurs fortes. | On fait le punch avec des liqueurs fortes. |

**De la liaison du G.**

*Des mot terminés en* ag, eg, ig, og, ug, oug, ourg, erg, *et manière de les lier* (1).

| | |
|---|---|
| Le zigza-k'est un insecte. | Le zigzag est un insecte. |
| Phalè-k'et Seru-k'étaient frères. | Phaleg et Serug étaient frères. |
| Mago-k'était fils de Japhet. | Magog était fils de Japhet. |
| Un jou-k'insupportable. | Un joug insupportable. |

(1) *G* final se lie avec l'articulation du *k* dans les mots terminés en *ag, eg, ig, og, ug, oug* à la rencontre de toute voyelle ou d'un *h* muet, et avec le *r* pénultième dans ceux qui sont terminés en *erg* et en *ourg*, à l'exception des mots *Bourg* et *Berg* dont la liaison s'opère avec le *g* qui prend l'articulation du *k*

| | |
|---|---|
| Un bour-k'entouré de murailles. | Un bourg entouré de mu-railles. |
| La ville de Bèr-k'est située sur le bord oriental du Rhin. | La ville de Berg est située sur le bord oriental du Rhin. |
| Un faubou-r'immense. | Un faubourg immense. |
| Cherbou-r'en Normandie. | Cherbourg en Normandie. |
| L'hermitage de Fribou-r'est bâti dans le roc. | L'hermitage de Fribourg est bâti dans le roc. |
| La cathédrale de Stras-bou-r'est une des plus belles de l'Europe. | La cathédrale de Stras-bourg est une des plus belles de l'Europe. |
| Nurembè-r'est une ville forte. | Nuremberg est une ville forte. |
| Le duc de Wurtembè-r'est grand veneur de l'Empire. | Le duc de Wurtemberg est grand veneur de l'Empire. |

*Des mots terminés en* ang, eng, ing, aing, oing, ong *et manière de les lier* (1).

| | |
|---|---|
| De ran-k'en rang. | De rang en rang. |
| Un ran-k'élevé. | Un rang élevé. |
| Un ran-k'honorable. | Un rang honorable. |
| San-k'innocent. | Sang innocent. |
| Suer san-k'et eau. | Suer sang et eau. |
| San-k'illustre. | Sang illustre. |

______

(1) Parmi les mots terminés en *ang, eng, ing, aing, oing* et *ong* il n'y a que les trois mots *rang, sang* et *long* dont le *g* final se lie à la rencontre d'une voyelle ou d'un *h* muet avec l'articula-tion du *k*.

Un lon-k'espace de temps.

Un long espace de temps.

En avoir tout du lon-k'et du large.

En avoir tout du long et du large.

**Dites sans liaisons :**

Un étan | immense.

Un étang immense.

L'oran | outan | habite les bois.

L'orang-outang habite les bois.

Le | haran | est petit.

Le hareng est petit.

J'ai dépensé un schellin | à mon déjeuner.

J'ai dépensé un schelling à mon déjeuner.

Un parpain | ébranlé.

Un parpaing ébranlé.

Un sein | illisible.

Un seing illisible.

J'ai tout le poin | écorché.

J'ai tout le poing écorché.

Montrer le poin | à quelqu'un.

Montrer le poing à quelqu'un.

FIN DES LIAISONS.

# ANOMALIES.

Nota. — Nous traiterons dans cet article : 1° de l'irrégularité de quelques voyelles et de quelques consonnes ; 2° des consonnes redoublées de nature différentes au commencement des mots ; 3° des consonnes sonores et des consonnes muettes à la fin et dans le corps des mots ; 4° enfin, de la réduplication des consonnes de même nature dans l'intérieur des mots.

*De certains mots qui se prononcent d'une manière dans le Midi et d'une autre dans le Nord.*

### Des voyelles composées AY, EY (1).

| | |
|---|---|
| Pé-ron, Depè-re. | Peyron, Depeyre. |
| Rè-re, Ré-naud. | Reyre, Reynaud. |
| Pè-recave, Pè-remale. | Peyrecave, Peyremale. |
| Pé-rigue, La Pé-rouse. | Peyrigue, La Peyrouse. |
| Sè-ne, Avé-ron. | Seyne, Aveyron. |
| Pè-relau, Bè-le. | Peyrelau, Bayle. |
| Pé-ruis, Ré-mond. | Peyruis, Reymond. |
| Ré-mond, un bé. | Raymond, un bey. |
| Un dé, Mé-ssonnier. | Un dey, Meyssonnier. |

*De la prononciation de l'y entre deux voyelles dans les noms de famille et de lieu (2).*

| | |
|---|---|
| Gra-ian, Ba-iadère. | Grayan, Bayadère. |
| Ba-iade, Ba-ieman. | Bayade, Bayeman. |

---

(1) Dans le midi on prononce les voyelles composées *ay* et *ey* des noms propres d'hommes, de lieu et de dignité avec le son de *aï* et de *eï* que l'on entend dans la dernière syllabe des mots *bétail* et *soleil* et, dans le nord de la France, on donne à ces voyelles le son de *é* ou de *è* suivant le cas.

A notre avis, on doit se conformer à la prononciation du nord.

(2) *Y* entre deux voyelles se prononce comme *ï* tréma dans les noms propres de famille et de lieu.

| | |
|---|---|
| Lo-iola, Bédo-ière (de la) | Loyola, Bédoyère (de la) |
| Jo-ieuse, Tro-ia. | Joyeuse, Troya. |
| Tro-ion, Pu-io (le plan) | Troyon, Puyo (le plan). |
| Gu-ion, Bru-ière. | Guyon, Bruyère. |
| Gru-ière. | Gruyère. |
| No-iers, No-ion. | Noyers, Noyon. |
| Ba-ionne, Ba-ieux. | Bayonne, Bayeux. |
| Ga-ion, Lafa-iette. | Gayon, Lafayette. |
| Ama-ion, Ama-ién. | Amayon, Amayen. |

### De l'E muet suivi de deux SS.

*E* sans accent suivi de *ss* est muet dans les mots suivants :

| | |
|---|---|
| Cave-çon | Cavesson (terme de manége). |
| De-çous. | Dessous. |
| De-çus. | Dessus. |
| Escave-çade. | Escavessade. |
| Re-ssac. | Ressac. |
| Re-ssaigner. | Ressaigner. |
| Re-ssaisir. | Ressaisir. |
| Re-ssasser. | Ressasser. |

Ressasseur, ressaut, ressauter, ressécher, resseller, ressemblance, ressemblant, ressembler, ressemeler, ressemer, ressenti, ressentiment, ressentir , resserrement, resserrer, ressort, ressortir, ressortissant, ressouder, ressource, ressouvenance, ressouvenir, ressuage, ressuer.

### De la diphtongue OI (1).

| | |
|---|---|
| Surcrouâ, clouâtre. | Surcroît, cloître. |

---

(1) La diphtongue *oi* se prononce toujours *oua*, ou *ouâ*, suivant qu'elle est longue ou brève.

| | |
|---|---|
| Bouâte, foua. | Boîte, foi. |
| Froua, pouâ. | Froid, poids. |
| Souaf, poual. | Soif, poil. |
| Nouar, boua. | Noir, bois. |
| Moua, souâ. | Mois, soit. |
| Drouâ, loua. | Droit, loi. |
| Couâ-fe, étouâle. | Coiffe, étoile. |
| Ouâzô, pouaçon. | Oiseau, poisson. |

### De la voyelle U.

La voyelle *u* se prononce *ou* dans les mots suivants :

| | |
|---|---|
| Algouazil. | Alguazil. |
| Gouadalkivir. | Guadalquivir. |
| Gouadeloupe. | Guadeloupe. |
| Gouadiana. | Guadiana. |
| Akouarèle. | Aquarelle. |
| Akouatile. | Aquatile. |

Aquatinta, aquatique, aquaviver, colliquatif, équateur, équatorial, équation, liquation, loquace, loquacité, quadrupède, quadruple, Guatimala, Lingual, quadrige, quadrilatère, quasimodo, quatuor, in-quarto.

### Des voyelles ue et ui précédées de g ou de q.

Les voyelles *ue* et *ui* précédées d'un *g* ou d'un *q* se prononcent dans les mots suivants en diphtongue :

| | |
|---|---|
| Aigu-ille, aigu-illon. | Aiguille, aiguillon. |
| Aigu-iser, équ-estre. | Aiguiser, équestre. |

Equiangle, aiguillade, aiguillée, aiguiller, aiguillette, aiguillonner, aiguisement, ambiguité, anguis, consanguinité, embéguiner, exiguité, et les noms propres d'Aiguillon, Le Guide, de Guise, etc.

Equilatéral, équilatère, quibus, quindécagone, quinque, équitation, quiescent, quiétisme, quiétiste, quinquagénaire, quinquennal, quinquérème, Quinte-Curce, quintidi, quintuple, Quirinus, Quirinal, requiem, ubiquitaire.

### De l'E qui a le son de l'A.

*E* se prononce *a* dans les mots suivants :

| | |
|---|---|
| Fame, kouane. | Femme couenne. |
| Moale, nanni. | Moelle, nenni. |
| Annivré, solanité. | Enivrer, solennité. |

Femmelette, couenneux, hennissement, moelleusement, moelleux, moellon, poêle, poêlée, poêlier, poêlon, solennel, solennellement, Rouennais, enorgueillir, enivrement.

### De EN.

*En* se prononce *én* et non *in* dans les mots suivants (1) :

| | |
|---|---|
| Ajén. | Agen. |
| Edén. | Eden. |

-----

(1) *En* suivi d'une consonne dans le corps d'un mot prend le son nasal de *an*, ainsi que *en* pronom ou préposition. Cependant *en* se prononce *én* : 1° à la fin des mots terminés en *ien, yen,* *éen* et en *iens, yens, éens,* quoique *en* soit suivi d'un *s*; 2° dans plusieurs temps des verbes *abstenir, appartenir, contenir, venir, tenir, prévenir, survenir,* etc., comme : *je m'abstiéns, tu viéns, il surviént,* et dans beaucoup d'autres mots tels que : *agenda, appendice, spen-*

| | |
|---|---|
| Européén. | Européen. |
| Chién. | Chien. |
| Je vién. | Je viens. |
| Bénjamin | Benjamin. |

Cananéen, Galiléen, Saducéen, Vendéen, citoyen, doyen, mitoyen, moyen, Païen, Troyen, académicien, aérien, ancien, bien, comédien, combien, entretien, fabricien, galérien, logicien, Lucien, maintien, mécanicien, magicien, musicien, Parisien, paroissien, quotidien, rhétoricien, le sien, le mien, le tien, théologien, tragédien.

Tu viens, il en convient, elle contient, il détient, elle s'entretient, il vient, maintient, il vous prévient, provient, se ressouvient, il soutient sa famille, il tient le secret.

Agenda, appendice, Amiens, Arensberg, Bengale, benjoin, compendium, sacramentum, dendromètre, effendi, endécagone, examen, Groënland, Marengo, Mentor, pensum, retentum, Ruben, etc.

## Des lettres p, m, d, t, g, k c *placées devant une consonne au commencement d'un mot* (1).

Pneuma, pnéomètre, pneumalogie, pneumatique, pneumatose, pneumologie, pneumonie, pnigite, psoride, psychique, psyché, ptilote, ptérote, pseudamante, mnémo-

---

*cer, chrétienté, Benjamin,* que l'on prononce *agénda, appéndice, spéncer, etc.*

(1) Une des lettres *p, m. d, t, g, k, c* placée devant une consonne au commencement d'un mot prend le son de l'*e* muet faible; *c* se change en *k* et *g* devant *n* ou *m* se prononce *gue*. Le son de ces consonnes initiales à la consonne suivante doit être rapide; on aura soin de les articuler d'une manière douce et légère et surtout sans affectation.

nique, Mnémosyne, mniare, djérid, djermé, djirax, Tlépolème, tmèse, tchimonia, tchuki, tzéiran, gnomonographique, gnomonographe, gnathoplégique, gnome, gnathocéphale, gnathodonte, gnathobole, gnaphose, knèce, knéma, ksei, czarien, czarine, czigitai, Cnéphagénète, cnicelée, cnidose, cnique, cnodalon, cnoducon, cnopodion.

*Du S initial suivi d'une consonne* (1).

Scamite, scandales, scarabée, scaramouche, scaphe, scapulaire, scribe, scrutin, slave, smaride, smérinthe, smilacine, smyre, spatule, sphère, spontané, stabilité, strymon, smynture, spanopogon, stupidité, style, stricage, snotra, stable, strophule, stylobate, stade, stupide, stoïque, stole, stive, stampe, spirale, squatraque, sfumato, squajote, spondaïque, scaphite, sphacèles, spéronate, scalène, scamandre, spahi, scrotocèle, store, stylobate, spécifique, spoliateur, stage, stance, scruter, scolie, statue, stratagème, scrupule, scabieuse, studieux, sbire, svelte (*zbire, zvélte*).

*Du S initial suivi des syllabes* cé, ci, cha, che, chi, ha, he, ho, hou *et* w.

| Les syllabes | sce, | scé, | sci, | scy, | scin |
|---|---|---|---|---|---|
| se prononcent | ce, | cé, | ci, | ci, | cin. |
| Les syllabes | scha, | sché, | schi, | schy | |
| se prononcent | cha, | ché, | chi, | chi. | |
| Les syllabes | sha, | she, | shé, | sho, | shou |
| se prononcent | cha, | che, | ché, | cho, | chou. |
| Les syllabes | sw, | sch w | | | |
| se prononcent | sou, | chou. | | | |

---

(1) Prononcez le *s* au commencement des mots suivis d'une con

## EXEMPLES :

| | |
|---|---|
| Célan. | Scélan. |
| Cène. | Scène. |
| Chabraque. | Schabraque. |
| Chadon. | Schadon. |
| Chako. | Schako, shako. |
| Ciage. | Sciage. |
| Ciatère. | Sciatère. |
| Ciatique. | Sciatique. |
| Cindaleure. | Scindaleure. |
| Ciron. | Sciron. |
| Ciure. | Sciure. |
| Cytale. | Scytale. |
| Chevan. | Shevan. |
| Chire. | Shire. |
| Chiva. | Shiva. |
| Chorée. | Shorée. |
| Chourien. | Shourien. |
| Chédule. | Schédule. |
| Chéa | Schéa. |
| Chélan. | Scheilan. |
| Chétoulou. | Schétoulou. |

---

sonne par un sifflement léger, mais ne supposez pas d'*e* devant ni
après lui, car pour faire entendre le son de cette voyelle vous
tomberiez dans la prononciation vicieuse des personnes qui disent :
*èsbire, èscrutin, èspatule, èstore,* ou *se-crutin, se-patule, se-tore, etc.*
au lieu de *scrutin, spatule, store.* Le son du *s* s'obtient en appuyant
la pointe de la langue contre l'extrémité des dents incisives infé-
rieures ; par la pression de la langue, l'air qui est chassé avec
énergie des poumons, trouve sur son passage une résistance ; mais
à mesure que les dents s'ouvrent pour lui livrer passage, il se fait
entendre un sifflement qui forme le son de cette lettre.

| | |
|---|---|
| Chigre. | Schigre. |
| Chinau. | Schinau. |
| Chindylèze. | Schindylèse. |
| Chisandre. | Schisandre. |
| Chizante. | Schizanthe. |
| Chelague. | Schlague. |
| Cheléchène. | Schleichène. |
| Chenapan. | Schnapan. |
| Choukie. | Schoukie. |
| Chouanki. | Schwenki. |

*S* placé entre deux voyelles conserve sa prononciation naturelle dans les mots suivants :

| | |
|---|---|
| Contrecein. | Contre-seing. |
| Deçuétude. | Désuétude. |
| Monocillabe. | Monosyllabe. |
| Paraçol. | Parasol. |
| Policillabe, | Polysyllabe. |
| Policinodî. | Polysynodie. |
| Cliçouar. | Clysoir. |
| Cokecigrù. | Coquesigrue. |
| Déçudacion. | Désudation. |
| Entreçol. | Entresol. |
| Havreçac. | Havre-sac. |
| Idroçarque. | Hydrosarque. |
| Idiocincrazî. | Idiosyncrasie. |
| Melkicédèk. | Melchisédech. |
| Paricilabique. | Parisyllabique. |
| Précéance. | Préséance. |
| Préçuposé. | Présupposer. |
| Reçacré. | Resacrer. |

| | |
|---|---|
| Reçalué. | Resaluer. |
| Tourneçol. | Tournesol. |
| Tricèkcion. | Trisection. |
| Vréçamblable. | Vraisemblable. |
| Vréçamblance. | Vraisemblance. |
| Nous giçon. | Nous gisons. |

*S* se prononce comme *z* dans les mots suivants :

| | |
|---|---|
| Alzace. | Alsace. |
| Balzamine. | Balsamine. |
| Intranzitif. | Intransitif. |
| Tranzakcion. | Transaction. |
| Tranzalpin. | Transalpin. |
| Tranzijé. | Transiger. |
| Tranzitif. | Transitif. |
| Tranzitoire. | Transitoire. |
| Tranzition. | Transition. |
| Un tranzite. | Un transit (un passavent). |

Presbytère, pléonasme, transvaser, risdale, islamisme, disgrâce, déshabillé, déshérité, déshonnête, Pétersbourg, Strasbourg, desmologie (dezmoloji), disgracieux, Malesherbes (Malezerbe), etc.

### Du CH (1).

*Ch* se prononce *k* dans les mots suivants :

| | |
|---|---|
| Mizake, Lamèke. | Misach, Lamech. |
| Munike, Enoke. | Munich, Hénoch. |

---

(1) *Ch* se prononce en général comme *k* · 1° à la fin des mots ; 2° devant une consonne ; 3° dans la syllabe *chor* au commencement

| | |
|---|---|
| Baruke. | Baruch. |
| Krétién. | Chrétien. |
| Klamide. | Chlamyde. |
| Anakorète. | Anachorète. |
| Kirografe. | Chirographe. |
| Kaldê. | Chaldée. |
| Koléra. | Choléra. |

Antiochus, Bacchus, Gracchus, chronologie, chronique, chrysalide, chrysolite, chlore, chlorure, brachial, brachiobole, brachion, brachylogie, brachyure.

Chorée, choriste, chorus, chorège, chorégraphie, chorévêque, chorographie, chiragre, chiriatre, chirite, chirocentre, chirocère, chirographaire, chirologie, chiromancie, chironien, chironomie, chiroptère, chirotonie,

Chalasie, chalastique, chalaze, chalcas, Chalciope, chalcographie, chalcophone, chalybé, chalingue, Chaliniste, Chalybes, Chalyphon.

Chamœficus, chamœdrite, chamœmelon, chéilanthe, chéiline, chéilocace, chéiroptère, psychagogue, psychode, psychogonie, psychologie, psychomancien, bacchanale, bacchante, chaos, chœur, catéchumène, écho, Eucharistie, lichen, orchestre, archange, archéologie, archéologue, archiépiscopal, archonte, Chérubini, Michel-Ange, Civita-Vecchia, Achab, Achaïe, Achéloüs, Anacharsis, Cham, Chanaan, Chananéen, Chersonèse, Melchisédech, Jéricho, Zacharie, Nabuchodonosor, Joachim (Prophète), etc.

---

et dans le corps des mots ; 4° dans les mots commençant par *chira*, *chiri*, *chiro*, *chalci*, *chalco*, *chalda*, *chaldé*, *chamœ*, *chéi*, *psycha*, *psycho*, et dans un grand nombre de termes d'histoire naturelle, de médecine et dans les noms propres d'origine grecque et italienne.

Il est impossible d'établir des règles générales au *ch* guttural,

*Ch* se prononce *che* à la française dans les mots suivants :

| | |
|---|---|
| Chapitô. | Chapiteau. |
| Chili. | Chili. |
| Psiché. | Psyché. |

Chyraita, chiricotte, chiridoce, chiripa, chiron, chironie, chironis, chironome, chiroute, cheida, cheik, cheila, psychène, psychique, psychisme, psychiste, Joachim (Saint), etc.

*Ch* se prononce *que* dans drachme (*dragme*).

**De la syllabe TI dans le corps des mots.**

*Ti* se prononce ci dans les mots suivants (1) :

| | |
|---|---|
| Abolicion. | Abolition. |
| Vocacion. | Vocation. |
| Réparacion. | Réparation. |
| Insaciáble. | Insatiable. |
| Sédicieu. | Séditieux. |

Abomination, anticipation, apparition, application, appréciation, assignation, attribution, caution, comparution, compilation, complication, association, conciliation, considération, convocation, coopération, détonation, dévotion,

tant ; les exceptions sont nombreuses. Les mots dans la composition desquels ce *ch* entre sont si peu usités qu'ils ont presque tous conservé, en raison de leur origine, leur prononciation gutturale.

(1) *Ti* se prononce *ci* dans les syllabes *tion*, *tia* et dans les mots terminés en *atie*, *étie*, *itie*, *tiel*, *tieux*, *tient*, *tien* et dans leurs dérivés.

diminution, ondulation, vocation, vibration, vénération, végétation, tradition, salutation, réparation, régénération, exception, nos portions.

Insatiabilité, insatiable, abbatial, impartial, initial, martial, nuptial, partial, primatial, martialité, initiatif, initiative, initiation, initiant, balbutiant, plénipotentiaire, diplomatie, Galicie, aristocratie, Croatie, Dalmatie, démocratie, primatie, suprématie, théocratie, facétie, péripétie, prophétie, impéritie, calvitie, confidentiel, consubstantiel, différentiel, essentiel, obédientiel, pénitentiel, pestilentiel, substantiel.

Ambitieux, captieux, contentieux, dévotieux, facétieux, factieux, minutieux, pestilentieux, prétentieux, superstitieux, patient, quotient, impatient.

Égyptien, Dioclétien, Béotien, Capétien, Domitien, Gratien, Hélvétien, Vénitien, tribunitien, Capétiens, Béotienne.

### EXCEPTIONS.

*Ti* se prononce *ti* et non *ci* dans les mots suivants (1) :

Nous châtiâmes, vous châtiâtes, nous goûtions, nous achetions, nous comptions, nous grelotions, nous dictions, nous notions, nous portions, nous invitions, exceptions-

---

(1) *Ti* se prononce *ti* et non *ci* dans les verbes à la première personne du pluriel de l'imparfait, c'est-à-dire, quand on peut mettre *nous* devant et après ces mots : *nous portions, portions-nous ?* Il faut excepter *nous balbutions, nous initions* dont le *t* se prononce doux dans ces verbes (*nous balbucions, nous inicions*).

*Ti* se prononce dur lorsque le *t* est précédé du *s, x* ou lorsque *ti* s'écrit *thie*, comme dans hostie, mixtion, sympathie.

noüs quelqu'un? visitions-nous? plantions-nous? nous vivotions, nous confrontions, nous consultions, nous chantions, chrétien, entretien, maintien, centiare, Critias, galimatias, Bastia, bastion, combustion, congestion, gestion, question, suggestion, digestion, indigestion, éphestion, bestial, hostie, sacristie, dynastie, immodestie, modestie, Sébastien, immixtion, mixtion, antipathie, apathie, pythie, sympathie, corinthien.

## Du X.

X se prononce de différentes manières : il se prononce *ks, gz, k, ss* et *s*.

X se prononce *ks* dans (1) :

| | |
|---|---|
| Ksiphante. | Xyphante. |
| Takse. | Taxe. |
| Eks-juge. | Ex-juge. |
| Ajaks. | Ajax. |
| Sphinks. | Sphinx. |

Xyris, xyroïde, xystarchie, xystarque, xysté, xystère, xystique, xystos.

Axe, luxe, sexe, mixte, sexte, Alexandre, inexprimable, inexplicable, extase, excuse, exclamation, excavation, exclure, excommunication, excroissance, excusable, expli-

---

(1) *X* se prononce *ks* : 1° au commencement des mots lorsqu'il est suivi d'une des syllabes *yp, yr* ou *ys*: xyphante, etc. (*ksifante*); 2° dans le corps des mots, lorsqu'il est placé entre deux voyelles et que le mot ne commence pas par un *e* : *axe, fixer, luxe*; 3° lorsqu'il est suivi d'une consonne dans les mots commençant par *ex* ou *inex*: *excuse, inexplicable*, 4° à la fin des mots lorsqu'il est sonore, comme dans Pollux, index, etc.

cation, exploitation, explosion, exposition, expression, exquise, exténué, elle s'expose, extrême, extrémité, inexpérience, inexpiable, axiome, dextérité, fixation, fixe, fixité, flexible, flexion, lixe, luxure, maxime, Mexique, oxide, oxygène, Praxitèle, prétexte, rixe, Saxe, sextuple, vexation.

Ex-capitaine, ex-maire, ex-tambour, ex-curé, ex-voto, ex-religieuse, ex-moine.

Borax, index silex, Félix, Phénix, Styx, onyx, Fox, caranx, lynx, larynx, similax, dax, ax, contumax, dropax, smilax, styrax, cimbex, codex, murex, pétrosilex, sphex.

Cocatrix, diaphénix, hélix, larix, érix, préfix, éryx, Coysevox, Pallux, Syrinx.

### $X$ se prononce $gz$ dans (1):

| | |
|---|---|
| Gzabega. | Xabega. |
| Egzagramme. | Hexagramme. |
| Egzabé. | Ex-abbé. |
| Egzamètre. | Hexamètre. |

Xaca, Xaco, xalape, xandarus, xan-mo, Xanthe, xanthion, xénographie, xénomane, xéranthème, xin, xiphias, xiphion.

Hexère, hexodon, ex-abbesse, ex-évêque, ex-oratorien, examinateur, exanthème, exécrable, exécration, exécutrice, exécution, exèdre, exemple, exhalation, exhérédé, exhu-

---

(1) $X$ se prononce $gz$ : 1° au commencement des mots lorsqu'il n'est pas suivi d'une des syllabes *yp*, *yr* ou *ys* : xanthe *(gzante)*, etc. ; 2° lorsqu'il est placé entre deux voyelles, si le mot commence par *e* ou *hex* sans égard au *h* qui le suit : examen, hexamètre, exhiber, *(egzamen, egzamètre, egziber)*, etc.

mation, exigu, exode, exotique, exubérance, exubère, inexigible, elle s'examine, je m'examine, je l'exige, inexécution.

*X* se prononce *k* dans (1).

| | |
|---|---|
| Ekcédant. | Excédant. |
| Ekcéder. | Excéder. |
| Ekcès. | Excès. |
| Ekcitant. | Excitant. |

Excellemment, exceller, excepter, exception, excessivement, excipient, excise, excision, excitation, excitement, exciter.

*X* se prononce *ss* dans (2) :

| | |
|---|---|
| Soissante. | Soixante. |
| Soissantième. | Soixantième. |
| Brusselles. | Bruxelles. |
| Ausserre. | Auxerre. |
| Ausserrois. | Auxerrois. |
| Aussonne. | Auxonne. |

*X* se prononce *z* dans :

| | |
|---|---|
| Deuzième. | Deuxième. |
| Deuzièmement. | Deuxièmement. |

---

(1) *X* se prononce *k* lorsqu'il est suivi de *ce, ci*, excès, exciter, *(ekcès, ekciter)*.

(2) **Observez : 1°** que *x* entre deux voyelles se prononce comme *ss* dans quelques mots, comme dans **Bruxelles, soixante** *(Brusselles, soixante)* etc.; **2°** qu'il se prononce comme *z* dans plusieurs mots

| | |
|---|---|
| Sizième. | Sixième. |
| Sizièmement. | Sixièmement. |
| Dizième. | Dixième. |
| Dizièmement. | Dixièmement. |
| Sizain. | Sixain. |

**X se prononce _s_ dans :**

| | |
|---|---|
| Ès. | Aix. |
| Cadis. | Cadix. |
| Béatris. | Béatrix. |
| Passe-dis. | Passe-dix. |
| Kokcis. | Coccyx. |
| Un sis. | Un six. |
| Un dis. | Un dix. |
| Léon dis. | Léon dix. |
| Double sis. | Double six. |

**X ne se fait point sentir dans :**

| | |
|---|---|
| Le di juin. | Le dix juin. |
| Un di de pique. | Un dix de pique. |
| Un si de trèfle. | Un six de trèfle. |
| Si chevô. | Six chevaux. |
| Un crucifi. | Un crucifix. |
| Un pri. | Un prix. |
| Une perdri. | Une perdrix. |

---

deuxième (_deuxième_), etc.; 3° qu'il se prononce comme _s_ dans certains mots à la fin d'une phrase ou à la rencontre d'un mot commençant par une consonne ; mais que dans les mots _six_ et _dix_, il ne sonne que lorsque ces deux mots sont employés à la fin d'une phrase : ils sont dix, j'en ai six (_ils sont dis, j'en ai sis_).

*Des mots terminés en* **aux, eaux, eux, œux, oux, oix aix, ux** (1).

| | |
|---|---|
| Végétô. | Végétaux. |
| Chapô. | Chapeaux. |
| Des cheveû | Des cheveux. |
| Des veû. | Des vœux. |
| Des genoû. | Des genoux. |
| Des nouâ. | Des noix. |
| Pè. | Paix. |
| Flû de bourse. | Flux de bourse. |

Faux, signaux, totaux, tribunaux, ruraux, boyaux, étaux, hoyaux, tuyaux, canaux, caporaux, chevaux, libéraux, municipaux, aux, eaux, cadeaux, caveaux, chalumeaux, coteaux, couteaux, drapeaux, écheveaux, écriteaux, flambeaux, fuseaux, fourreaux, gâteaux, hameaux, manteaux, moineaux, oiseaux, pinceaux, râteaux, taureaux.

Affreux, aqueux, avantageux, aveux, boîteux, ceux-ci, ceux-là, courageux, dangereux, deux, douloureux, fâcheux, fameux, farineux, fiévreux, galeux, généreux, heureux, miraculeux, montagneux, orageux, périlleux, ruineux, volumineux.

Audacieux, avaricieux, capricieux, les cieux, délicieux, gracieux, judicieux, silencieux, soucieux, des vœux.

---

(1) *X* final à la rencontre d'une consonne et à la fin d'une phrase, est muet, lorsqu'il est précédé d'une voyelle composée ainsi que dans les mots *flux* et *reflux*.

Nota. Si les règles sur le *x* ne sont point générales, elles sont du moins très-étendues.

Doux, époux, jaloux, poux, roux, saindoux, toux, courroux, des choux, hiboux, cailloux.

Choix, croix, poix, voix, faix. paix.

Reflux, auxquels, auxquelles *(ôkél, ôkèle)*.

*Des mots terminés par une consonne sonore ou par une consonne muette à la fin d'une phrase ou suivis dans la phrase d'un autre mot commençant par une consonne* (1).

Le *p* et le *b* se prononcent dans les mots suivants :

| | |
|---|---|
| Kape, Gape. | Cap. Gap. |
| Jobe, Calèbe. | Job. Caleb. |

Hanap, jalep, Alep, cep, julep, salep, sloop (sloupe), croup, group, houp.

---

(1) Toute consonne sonore finale, ou dans le corps des mots, doit être prononcée consécutivement avec la voyelle qui la précède.

Le son propre à ces consonnes est celui de l'*e* muet faible qu'il faut distinguer de l'*e* muet qui termine un si grand nombre de nos mots.

Ainsi, on devra prononcer faiblement et brièvement, par un seul mouvement d'organe, c'est-à-dire, tout d'une haleine, en un seul temps, la syllabe qui a une consonne sonore soit finale, soit dans le corps d'un mot et le son que l'on fera entendre sera plus faible, plus muet, que l'*e* muet lui-même, car ce son n'est que le minimum de l'expiration de la voix.

L'expiration du souffle sonore des lettres *l*, *r* se produit, pour la première, en détachant doucement la langue du palais, à mesure que l'air chassé légèrement des poumons s'échappe entre ces deux organes; et pour la seconde, en portant l'extrémité de la langue vers le milieu de la voûte palatine, de sorte que la langue étant frôlée par l'air qui flue entre elle et le palais, après la pro-

Aminadab, Bacalab, Joab, Moab, Nabad, baobad, Raab, Jobad, Mahaleb, Typo-Saïb, Jacob, rob, radoub, club, dub, chérub, rumb, etc.

Le *p* et le *b* ne se prononcent pas à la fin des mots suivants :

| | |
|---|---|
| Dra, galo. | Drap, galop. |
| Chan, lou. | Champ, loup. |
| Plon, Colon. | Plomb, Colomb. |

Sparadrap, sirop, trop, beaucoup, coup, cantaloup, tout-à-coup, camp, clamp, aplomb, surplomb, Christophe-Colomb, etc.

Le *t* et le d se prononcent à la fin des mots suivants (1) :

| | |
|---|---|
| Vivate, fate. | Vivat, fat. |
| Zénite, lute. | Zénith, luth. |
| Joade, Obède. | Joad, Obed. |

Mat (or), opiat, opalath, Goliath, spath, Thahath,

---

nonciation de la voyelle dont elle est précédée, forme, en cet instant, un espèce de roulement qui occasionne un bruit dont l'expiration vient mourir vers les dents.

Le sifflement du *s* dans les syllabes inverses *as, ès, is, os, us,* doit être moins intense que dans les syllabes directes *sa, sè, si, so, su,* etc.

(1) *T* et *d* ne se font sentir qu'à la fin d'un très-petit nombre de mots :

On doit faire sonner le *s* et le *t* dans les mots : l'*est*, l'*ouest*, le *lest*, *Brest*, *Saint-Just*, *Pest*,, *zest*, *test*, *Alost*, *ast*, le *Christ*. Le *t* est nul dans le mot *antéchrist*.

Caath, debet, licet, juillet, aneth, Elisabeth, Nazareth, Jeth, déficit, rit, aconit, introït, prurit, transit (tranzite), Christ, Judith, dot, azoth, Sabaoth, Mérajoth, ut, lut, (enduit pour boucher un vase), brut, Ruth, un fait, abject (abjèkte), direct (dirèkte), et cœtera (ète cétéra), huit (à la fin d'une phrase), tact, contact, strict (takte, contakte, strikte), etc.

Galaad, Gad, ad patres (ade patrèss), Bagdad, Alfred, Lamed, Taled, David, Le Cid, Valladolid, plaid, éphod, Novogorod, le talmud, le sund (le sonde), Léopold, etc.

Le *t* et le *d* sont nuls à la fin des mots suivants (1):

| | |
|---|---|
| Bà, dégâ. | Bât, dégat. |
| Açô, hô. | Assaut, haut. |
| Arrê, benè. | Arrêt, benêt. |
| Adroua, ar. | Adroit, art. |
| Efor, concèr. | Effort, concert. |
| Afron, défeun. | Affront, défunt. |
| Ostrogô, vin. | Ostrogoth, vingt. |
| Pon, instin. | Pont, instinct. |

Achmet, Bajazet, Mahomet, amict (ami), Goth, Visigoth, argent, Benoît, détroit, enfant, exempt, prompt, brocart, Clermont, rôt, aussitôt, biscuit, emprunt, gratuit, doigt, Boursault (Bourçô), Quinault (Kinô), départ, écart, quart, désert, la mort, Saint-Genest (sinjenè), il est (i l'è), etc.

---

(1) Si les mots terminés par un *t* ou par un *d* muet sont précédés d'une consonne sonore, c'est cette consonne antépénultième qui se prononce : écart, retard, renfort, rebord, concert, respect, (*ékar, retar, renfor, rebor, concèr, respèk*).

| | |
|---|---|
| Lè, badô. | Laid, badaud. |
| Ni, piè. | Nid, pied. |
| Neu, froua. | Nœud, froid. |
| Baïar, sour. | Bayard, sourd. |
| Bòn, nor. | Bond, nord. |

Brigand, chaland, friand, Ferdinand, Allemand, tisserand, marchand, quand, Rolland, chaud, courtaud, crapaud, lourdaud, rougeaud.

Il s'assied, il sied, il coud, il moud, S$^t$-Cloud, Madrid, un muid, lourd, dard, épinard, étendard, fard, hasard, Richard, Périgord, il perd, rond, moribond, fécond, second, etc.

Le *m* et le *n* se prononcent à la fin des mots suivants (1) :

| | |
|---|---|
| Priame, Sème. | Priam, Sem. |
| Sélime, lodanome. | Sélim, laudanum. |
| Imène, Edène. | Hymen, Eden. |

Abraham, Balaam, Ham, Joram, Jéroboam, tamtam (tametame), Surinam, requiem, helem, harem, hem, idem, item, Jérusalem, Mathusalem, Ephraïm, Joachim, album, arum, décorum, géranium, médium, opium, rhum, sodium, vade-mecum, ultimatum, alderman, amen, cérumen, gluten, gramen, lichen (likène), le Tarn, gramen, dryden, Lutzen.

---

(1) Les lettres *m* et *n* employées à la fin des mots ne sont, dans notre langue, que des signes de nasalité, à l'exception de certains mots latins et de la plupart des noms propres étrangers, dans lesquels ces lettres conservent leur prononciation naturelle.

*M* et *n* sont purement nazals à la fin des mots :

| | |
|---|---|
| Adan, kidan. | Adam, quidam. |
| Non, faktoton. | Nom, factotum. |
| Dein, surnon. | Daim, surnom. |
| Parfeun. | Parfum. |

Ruban, partisan, ouragan, union, vision, version, bon, don, bassin, Benjamin, capucin, foin, témoin, tribun, chacun, un, etc.

Le *k*, le *c*, le *ch* (son *k* ou *che*) ; le *q* et le *g* se prononcent à la fin des mots suivants (1) :

| | |
|---|---|
| Krike, arake. | Crick, arack. |
| Sake, choke. | Sac, choc. |
| Munike, Varèke. | Munich, Varech. |
| Ponche, kirsche. | Punch, kirsch. |
| Auche (ville). | Auch (ville). |
| Bourke, jougue. | Bourg, joug. |
| Zigue, bèrgue. | Zig, Berg. |

---

(1) Remarquez : 1° que la lettre *k* se prononce toujours à la fin des mots ;

2° Que l'on ne peut pas établir de règle fixe pour déterminer la prononciation du *c* final.

*C* sonne dans Marc, nom propre d'homme ou de saint, mais il est muet, quand ce mot indique un poids ou détermine une place, un hôtel, etc.

*C* sonne dans Franc désignant un Français, mais il est muet, quand ce mot désigne une pièce de monnaie. *C* sonne dans *donc*, quand ce mot est employé au commencement d'une phrase.

3° Que *ch* se prononce de deux manières : Il se prononce comme *k* dans les noms qui nous viennent des langues étrangères et comme *ch* dans les mots désignant des liqueurs et Auch *(Auche)* ville de France ; *ch* est muet dans almanach *(almana)* ;

Yorck, Bobek, Danemarck, Leck, Lubeck, brick, carrick, mamlouk (mamelouke).

Bac, bivouac, hamac, havresac, Isaac, lac, Nérac, sumac, avec, bec, Caudebec, échec, Grec, sec, salamalec, agaric, alambic, basilic, public, syndic, tic, trafic, bloc, froc, hoc, Maroc, soc, roc, stoc, troc, Balaruc, Bois-le-Duc, caduc, duc, Luc, stuc, suc, truc, bouc, sambouc, touc, Saint-Marc, Marc l'aveugle, zinc.

Loch, Saint-Roch, Krapach, Zurich, Melchisédéch, Sabech, Phosech, Baruch, coq de bruyère, coq gaulois, trois et deux font cinq, le cinq pour cent.

Agag, pondag, zigzag, Zadig, magog, Farrug, Sarug, zug, canning, pouding, King, Hasting, Fielding, Kiang, Hoang, Young, etc.

Les lettres *c*, *ch*, *q* et *g* sont muettes à la fin des mots suivants :

| | |
|---|---|
| Taba, estoma. | Tabac, estomac. |
| Bro, cro. | Broc, croc. |
| Cri, clèr. | Cric, clerc. |
| Mar (poids). | Marc (poids), |

4° Que *q* est sonore dans les mots coq et cinq : excepté, pour le premier, le mot coq d'Inde ou le *q* est muet (*kò-d'Inde*); et pour le second, le cas ou il est suivi d'un autre nom de nombre, d'un substantif ou d'un adjectif : cinq cents, cinq militaires, cinq braves soldats (*cein militaires, cein braves soldats*),

5° Que *g* final sonne avec son articulation naturelle dans les mots terminés en *ay, eg, ig, og ug, oug*, mais qu'il est muet dans ceux dont la terminaison est en *ang, eng, ing, aing eing, ong oing, ourg* à l'exception des mots Canning, Hasting, Fielding, Ginseng, pouding, et les mots Berg et Bourg pris isolément : le premier sonnant avec son articulation naturelle et le second avec celle du *k* : Berg Bourg (*Bergue, Bourke*).

| | |
|---|---|
| La place Saint-Mar. | La place Saint Marc. |
| Almana. | Almanach. |
| Por, ban. | Porc, banc. |
| Co-d'Inde. | Coq d'Inde. |
| Cein fleurs. | Cinq fleurs. |
| Cein mille. | Cinq mille. |
| Faubour. | Faubourg. |
| Linbour. | Limbourg. |
| Aranbèr. | Aremberg. |
| Etan, san. | Etang, sang. |
| Lon, poin. | Long, poing. |
| Sein, chelin. | Seing, schelling. |
| Haran. | Hareng. |

Accroc, racroc, escroc, blanc, franc (adjectif), jonc, ajonc, arsenic, les deux cinq me manquent, le cinq mars, Cherbourg, Cobourg, Fribourg, Luxembourg, Strasbourg, Ausbourg, Brandebourg, Saint-Pétersbourg, Wurtemberg, Nuremberg, Spitzberg, Scanderberg, orang-outang (oran-outan), rang, parpaing, sterling, oing.

*L* final se prononce dans les mots suivants (1) :

| | |
|---|---|
| Animal, bal. | Animal, bal. |
| Abel, sel. | Abel, sel. |
| Cil, civil. | Cil, civil. |

---

(1) *L* final est généralement sonore à la fin des mots; il est nul dans certains mots terminés en *il*. Parmi les mots qui ont cette terminaison, le mot *gentil* offre les particularités suivantes : il se lie avec le son mouillé à la rencontre d'une voyelle ou d'un *h* muet et il est nul à la rencontre d'un mot commençant par une consonne, ou terminant une phrase : gentil garçon, ce garçon est gentil (*janti garçon, ce garçon est janti*).

Bol, Paul.                    Bol, Paul.
Nul, seul.                    Nul, seul.

Local, canal, caporal, cheval, général, libéral, colonel, criminel, cruel, Gabriel, hôtel, autel, pluriel, Noël, Raphaël, babil, connil, anil, avril, puéril, Brésil, fil, il, l'an mil, nil, péril, profil, vil, viril, volatil, bémol, col, parasol (paraçol), vol, Mogol, Monaul, Paul, consul, Toul, Vésoul, bisaïeul, épagneul, glaïeul, Ligneul, poil, accul, calcul, recul, Saül.

Sont mouillés :

Ail, attirail, bail, bercail, camail, travail, soupirail, appareil, conseil, éveil, orteil, pareil, réveil, soleil, vermeil, fénil, grésil, mil ou millet, bouvreuil, cerfeuil, chevreuil, deuil, fauteuil, linceuil, accueil, cercueil, écueil, œil, orgueil, recueil, fenouil.

*L* est nul dans les mots suivants :

Bari, charti.                 Baril, chartil.
Cheni, couti.                 Chenil, coutil.
Pou, soû.                     Pouls, soùl.

Coutil, fournil, fraisil, fusil, gentil, gril, ménil, nombril, outil, persil, sourcil, Duménil, cul-de-lampe (cude-lampe).

La lettre *r* se prononce à la fin des mots suivants (1) :

Jupitèr, Chèr.                Jupiter. Cher.
Belvédèr, Antipater.         Belvéder, Antipater.

---

(1) *R* est sonore à la fin des mots terminés en *ar*, *ir*, *or*. *ur*, *our*, *eur*, *ieur*, *oir*, etc, et à la fin de certains mots terminés en

Bar, bazar, char, car, par, César, cauchemar, coquemar, hengar, Putiphar, Var, nénuphar, amer, cancer, cher, fer, fier, hier, hiver, mer, magister. Lucifer, ver, Niger, machefer, éther, enfer, air, chair, clair, éclair, pair, impair, avenir, Casimir, désir, souffrir, vomir, mourir, Tyr, zéphir, cor, or, major, trésor, tricolor, azur, dur, futur, mur, pur, sur, Guhr (gur), amour, bonjour, détour, four, jour, labour, retour, tour, auteur, buveur, chaleur, coureur, doreur, douleur, odeur, priseur, voleur, vapeur, cœur, chœur (keur), prédicateur, sœur, abreuvoir, boudoir, couloir, devoir, miroir, rasoir, mouchoir, tiroir, avoir, pouvoir, recevoir, trottoir, séchoir, lavoir, arrosoir, bougeoir, couloir, crachoir, etc.

*R* est muet dans les mots suivants (1) :

| | |
|---|---|
| Abordé, tombé. | Adorder, tomber. |
| Abondé, émondé. | Abonder, émonder. |
| Affiché, relâché. | Afficher, relâcher. |
| Changé, mangé. | Changer, manger. |
| Consolé, cumulé. | Consoler, cumuler. |
| Amplifié, prié. | Amplifier, prier. |
| Lié, vérifié. | Lier, vérifier. |
| Fermié, meunié. | Fermier, meunier. |
| Bergé, noché. | Berger, nocher. |

Bomber, courber, imbiber, succomber, barricader,

er. L'*e* qui précède le *r* dans ces finales se prononce ouvert.

(1) *R* final est nul dans tous les infinitifs des verbes terminés en *er* et en *ier*. Les substantifs, les adjectifs et les noms de famille, de plus d'une syllabe qui ont une de ces deux terminaisons, suivent la même règle. L'*e* qui précède, dans ces mots, le *r* muet final, se prononce fermé.

dévider, céder, regarder, retarder, reprocher, sécher, trancher, tricher, juger, loger, négliger, soulager, vendanger, voyager, filer, fouler, parler, siffler, trembler, abandonner, calciner, décharner, décerner, déjeuner, aimer, déclamer, transformer, détremper, équiper, grimper, ramper, abdiquer, appliquer, défroquer, pratiquer, risquer, compter, consister, contester, dérouter, habiter, inviter, solliciter. traiter, visiter, apparier, balbutier, calomnier, colorier, défier, mendier, purifier, scier, simplifier, varier, parier, relier, trier, glorifier, multiplier, banquier, barbier, brigadier, châtaignier, messager, potager, oranger, clocher, bûcher, noyer, foyer, Dacier, Noirmoutier, Fléchier, Béranger.

*F* est sonore à la fin des mots suivants (1) :

| | |
|---|---|
| Macafe, brèfe. | Maeaf, bref. |
| Canife. Azofe. | Canif, Azof. |
| Veufe, souafe. | Veuf, soif. |

Raf, chef, de rechef, fief, nef, Joseph (josèfe), définitif, juif, naïf, tarif, vif, lof, chauf, réchauf, sauf, tuf,

---

(1) *F* final se prononce, à peu d'exceptions près, à la rencontre d'un mot commençant par une consonne ou à la fin d'une phrase.

Il y a quelques mots dont le *f* final est sonore dans certains cas et muet dans d'autres; ainsi, il est muet dans *neuf*, quand ce mot est immédiatement suivi d'un substantif ou d'un adjectif, et il est sonore quand il n'est pas suivi, soit d'un substantif, soit d'un adjectif. Exemple du *f* muet : neuf soldats, neuf jours, neuf petits garçons (*neu soldats, neu jours, neu petits garçons*). Exemples du *f* sonore : ces messieurs étaient neuf, tous les neuf sont arrivés en même temps, vous en avez neuf, un habit neuf (*ces messieurs étaient neuf, etc.*). *F* est aussi muet dans les mots *bœuf* et *œuf* lorsque ces mots sont suivis d'un adjectif.

pouf, misapouf, ouf, Koulouf, bœuf, œuf, Brébeuf, Elbeuf, éteuf, l'argent est le nerf (nerfe) de la guerre, serf, un chapeau neuf, ils sont neuf, ce neuf est bien formé.

*F* est muet dans les mots suivants :

| | |
|---|---|
| Une clé, le cèr. | Une clef, le cerf. |
| Beu gras, beu salé. | Bœuf gras, bœuf salé. |
| Eù dur, eù rouge. | Œuf dur, œuf rouge. |
| Neû maisons. | Neuf maisons. |
| Lè neû muses. | Les neuf muses. |
| Neu petits poulets. | Neuf petits poulets. |

La lettre *s* se prononce dans les mots suivants (1) :

Arras, Blacas, Carpentras, Pezénas, Vaugélas, as de pique, hélas, las, Adonias, Agésilas, Eurotas, Phidias, Ménélas, Epaminondas, madras, aloès, Bénarès, Cérès, Damoclès, Périclès, Agnès, iris, Tunis, cacis, gratis, jadis, Thémis, vis, bis, bris, devis, ibis, lis, parisis, hydromys, fils (fis), ils vont, ils viennent.

Andros, Minos, Paphos, Paros, Délos, os, mérinos, Athos, Ténédos.

---

(1) Les mots dont le *s* final est sonore, nous viennent presque tous des langues étrangères et surtout des langues grecque et latine.

Ces mots sont terminés en *as, es, is, os, us*, comme Agésilas, Cérès, Thémis, Ténédos, Phébus. *S* sonne dans un grand nombre de noms propres français terminés en *as, is* et *ys* : Cujas, Clovis, les Andelys ; dans l'adverbe en *sus*, dans *tous* placé à la fin d'une phrase ou employé comme pronom : *Je les ai examinés tous* ; *tous ont cherché à le voir* ; et dans les mots *plus*, dans *plus-que-parfait* et dans les locutions : *Je dis plus, il y a plus.*

Blocus, bibus, obus, rébus, Janus, Titus, Vénus, Crésus, Fréjus, motus, Uranus, omnibus, mœurs, ours, Mars, etc.

*S* final ne se prononce pas dans les mots sui-vants (1) :

| | |
|---|---|
| Pa, prè, Pari. | Pas, prés, Paris. |
| Gro, alor, mè. | Gros, alors, mais. |
| Blé, rû, don. | Blés, rues, dons. |
| Ban, maison. | Bancs, maisons. |
| Balance, jardin. | Balances, jardins. |
| Châ, villajouâ. | Chats, villageois. |
| Impô, tribun. | Impôts, tribuns. |
| Vérité, injure. | Vérités, injures. |
| Débû, mouchouàr. | Débuts, mouchoirs. |
| Renar, bâton. | Renards, bâtons. |

Repas, gras, matelas, serpents, innocents, médisants, brigands, gants, sergents, charlatans, chars, bazars, ma-néges, colléges, châtaignes, boulangers, tu justifies, tu édifies, oisifs, préparatifs, habits, nids, récits, miroirs, égards, dards, regards, fanfarons, locutions, pensions, re-mords, tu sors, rapports, héros, impôts, je promets, tu prends, je convaincs, le temps, soldats, débuts, points, poings, mes, tes, ses, notres, vos, nos, leurs, etc.

*Z* se prononce dans les mots suivants (2) :

| | |
|---|---|
| Gass, fèss. | Gaz, fez. |
| Booss, Véra-Cruss. | Booz, Vera-Cruz. |

---

(1) En règle générale *s* final ne se prononce pas dans nos di-verses et nombreuses terminaisons.

(2) La lettre *z* sonne à la fin des mots avec l'articulation forte

Verapaz, Rodriguez, Suarez, Lombez, Rodez, Suez, Saint-Tropez, Senez, Badajoz, Santa-Cruz, Seltz (cèlss), Austerlitz (Osterliss), Saint-Jean-de-Luz, Metz.

*Z* est nul dans les mots suivant :

| | |
|---|---|
| Acé, ché. | Assez, chez. |
| Bié, lé. | Biez, lez. |
| Né, ré. | Nez. rez. |
| Ri, doné. | Riz, donnez. |

Vous lisez, vous chantez, vous riez, soyez, vous chanterez, vous avez, vous mangerez, vous vous reposerez, vous éclipserez, etc.

*Des consonnes intermédiaire placées devant d'autres consonnes de nature différente.*

### Du B (1).

| | |
|---|---|
| Ob-jèkté, ab-dicacion. | Objecter, abdication. |
| Ab-juracion, sub-venir. | Abjuration, subvenir. |

Abdiquer, abnégation, abdala, Abdère, abduction, obvenir, obvention, obvier, abnégation, molybdate, objet, rabdoïde, rabdologie, rabdomance, subdiviser, subdélégation, subdivision, subjuguer, subvention, subvertir.

---

du *s* dans quelques noms propres et dans quelques autres mots; mais elle est muette dans tous les temps des verbes et à la fin de plusieurs mots ordinaires, tels que : *Nez, assez, riz, (né, acé, ri).*

(1) La lettre *b* dans le corps d'un mot conserve son articulation naturelle devant toute consonne autre que *s, c* et *t*; mais lorsqu'elle est suivie d'une des lettres *s, c* ou *t* elle se prononce comme *p* : obstacle (*opstacle*).

*B* dans le corps d'un mot se prononce toujours *be ou pe,* suivant le cas.

Ap-cè, ap-çance.          Abcès, absence.
Op-stacle, op-tenir.      Obstacle, obtenir.
Op-server, sup-cister.    Observer, subsister.

Absent, absinthe, absolu, absoudre, absoute, absolution, obséder, obsèques, obsidiane, obsidional, obtention, obtus, subside, subtilité, subsidiaire, subsidiairement, subtilement, subtilisation, subtilité.

### Du P.

*P.* dans le corps d'un mot se prononce dans les mots suivants avec son articulation ordinaire :

Ap-te, op-tique.         Apte, optique.
Inèp-te, rep-tile.       Inepte, reptile.
Scèp-tre, cap-tive.      Sceptre, captive.

Aptitude, adopter, adoptif, adoption, capsulaire, capsule, captation, captif, captivité, capture, diptère, diptyques, éclipse, écliptique, Calipso, optatif, opticien, épilepsie, epsom, heptagone, glyptique, gypse, hydro-pneumatique, ineptie, incorruptible, précepte, précepteur, réceptacle, réception, rupture, septante, septembre, septentrion, septuagénaire, septuple, soupçon, subreptice, consomption, exceptions, rédemption, rédempteur, assomption, consomption, symptôme, baptismal, exemption, contempteur, etc.

*P* est muet dans le corps des mots suivants (1) :

Batème, conte.          Baptème, compte.

---

(1) *P* est généralement nul dans le corps des mots, lorsqu'il est placé entre deux consonnes.

Tan, cor.                    Temps, corps.
Cète, ègzan.        .        Sept, exempt.

Camps, champs, printemps, je corromps, tu interromps, prompt, il rompt, il interrompt, Baptiste, indomptable, cheptel, dompter, baptistaire, comptable, comptabilité, débaptiser, décompte, mécompte, péremptoire, phono-camptique, promptitude, septième, septièmement, exempter, sculpteur, sculpter, etc.

### Du D.

*D* dans le corps d'un mot se prononce toujours avec son articulation naturelle à la rencontre d'une consonne de nature différente :

Ad-join, ad-juré.           Adjoint, adjurer.
Ad-mète, ad-né.            Admète, adné.

Adjectif, adjectivement, adjoindre, adjonctif, adjudant, adjudication, adjudicateur, adjudicatif, adjugé, admettre, administration, administrateur, administrer, admirable, admirateur, admission, admissible, budget, inadmissible, adversité, etc.

### Du T.

*T* et *th* dans le corps d'un mot placés devant une consonne de nature différente se prononcent dans les mots suivants:

At-las, at-lantide.         Atlas, atlantide.
Bét-léèm, at-lète.          Bethléem, athlète.

Atlante, Atlantiades, atlantique, atlé, atloïde, atmido-mètre, atmomètre, atmosphère, betlion, Etna, Etnéen, etnet, Otkée, Otkon, athlétique, Bothnie, ethmoïde, ethnique, ethnarque, Gothlande, logarithme, rhythme, rhytmique.

*T* et *th* sont muets dans le corps des mots suivants (1).

EXEMPLES :

| | |
|---|---|
| Monfôcon, Monrouje. | Montfaucon, Montrouge. |
| Pon-l'abé, Ponchatô. | Pont-l'abbé, Pont-château. |
| Asme, isme. | Asthme, isthme. |
| Monfort, Mongolfière. | Montfort, Montgolfière. |

Montgommery, Mont-joie, Mont-joli, Mont-louis, Montluçon, Montmartre, Montmédy, Montmorillon, Montpensier, Pont-Croix, Pont-d'Ain, Pont-de-Vaux, Pont-de-Veyle, Pont du Gard, Pont-l'Évêque, Pont-de-Montvert, Mont-de-piété, Montbrison, Mont-d'Or, Mont-Blanc.

Asthmatique, isthmien, isthmion, isthmite.

*T* des mots *pont* et *mont* se lie à la rencontre des noms propres commençant par une voyelle.

EXEMPLES :

Montarcher, Montargis, Montauban, Montagut, Montaigu, Montausier.

Pont-à-Marcq, Pont-à-Mousson, Pont-Audemer, Pontaumur, Pontaven, Pont-Euxin, Pontoise, etc.

---

(1) Le *t* des mots *mont et pont*, servant à former des noms propres, est muet, quand ces noms commencent par une consonne, mais il est sonore quand ces noms commencent par une voyelle.

*Th* précédé d'un *s* est nul.

### Du M.

*M* placé dans le corps d'un mot devant une consonne différente autre que *b*, *p* et *t* conserve sa prononciation ordinaire :

| | |
|---|---|
| Am-nistî, autom-nal. | Amnistie, automnal. |
| Hym-ne, Som-nifère. | Hymne. somnifère. |

Amsterdam, calomniateur, calomnie, calomnier, gymnase, gymnastique, gymnique, gymnocéphale, gymnopédie, indemniser (indam-nisé), indemnité, insomnie, somnambule (Som-nanbule), somnambulisme, somnolence, Agamemnon, bélemnite (Agamèmnon, bélèmnite).

*M* est nul dans le corps des mots suivants :

| | |
|---|---|
| Otone, dané. | Automne, damner. |
| Danable, danacion. | Damnable, damnation. |
| Condané, condanable. | Condamner, condamnable. |
| Condanacion. | Condamnation. |

### Du N.

La lettre *n* suivie d'une consonne différente dans le corps des mots perd le son qui lui est propre et prend le son nasal :

| | |
|---|---|
| An-toine, chan-té. | Antoine, chanter. |
| Man-che, An-glè. | Manche, Anglais. |
| A-jén-da, pén-tagone. | Agenda, pentagone. |

Manteau, insipide, intrépide, langage, manquer, monter, peintre, penchant, pendule, ronger, servante, singulier, tante, bonsoir, bonjour, dimanche, lundi, vendredi.

### Du C et du CH.

*C* et *ch* à la rencontre d'une consonne dans le corps des mots se prononcent toujours comme *k* et *c* devant *q* est nul :

| | |
|---|---|
| Ak-te, épak-te. | Acte, épacte. |
| Ok-tave, fak-teur. | Octave, facteur. |
| Tèk-nique, ik-tiozc. | Technique, ichtyose. |
| Ja-ke, akê. | Jacques, acquêt. |

Actif, activité, affectueux, caractère, anecdote, cataracte, contracter, dactyle, docteur, constructeur, dictateur, doctrinaire, doctrine, insecte, ectype, électricité, électuaire, factice, fracture, fructidor, fructueux, hectare, hectogramme, humecter, infecter, manufacture, octobre, octogone, octroi, victoire.

Hydrachnette, ichneumon, ichnographie, ichtyite, ichtyocolle, ichtyophage, polytechnique, pyrotechnie, technologie.

Acquit, acquéreur, acquiescement, acquittement, acquitter, racquit, socque, socquement, socqueur, locquets, pecque, pecquement.

### Du G.

*G* placé dans le corps d'un mot devant une consonne de nature différente autre que la lettre *n* se prononce toujours *gue :*

| | |
|---|---|
| Ague-de, dogue-me. | Agde, dogme. |
| Flègue-me, augue-manté. | Phlegme, augmenter. |

Augment, augmentatif, agdestis, agdus, fragment, dogmatique, dogmatiquement, hyposphagme, Leucophlegmatique, magdaléon, sigmatisme, sigmoïde, stigmate, stigmatiser, stigmatographie, phlegmasie, phlegmon, phlegmatique, phlegmagogue, fragment.

### Du GN.

*G* devant *n* se prononce *gue* dans les mots suivants :

Igue-né, igue-nivore.　　Igné, Ignivore.
Igue-name, ague-nita.　　Igname, agnita.

Agnat, diagnostic, eau stagnante, cognat, regnicole, ignicole, progné, agnacat, agnat, agnathes, agnation, agnatique, agno, agnus, agnaties, agnante, agnathe, ignéologie, ignéologique, ignéologue, igdis, ignescent, ignifère, ignipotens, ignition, ignivore, géognosie, géognoste, géognostique, diagnostique, pignoratif, pathognomomique, pignoration, stagnation, inexpugnable.

*G* est nul dans les mots: Clugny. Regnard, (poète), Regnault, (auteur français), Signet. ( *Cluni*, *Renard*, *Ciné* ).

### Du GN mouillé (1).

Ma-gnifique, inco-gnito.　　Magnifique, incognito.
Nous accompa-gnion.　　Nous accompagnions.
Vous accompa-gnié.　　Vous accompagniez.

---

(1) *Gn* mouillé a deux sons: un fort et l'autre faible. Le son fort est celui où le *n* est immédiatement suivi d'un *i* et le son faible, celui où l'*i* est sous-entendu.

On devra donc, en lisant, appuyer un peu plus sur le premier et

| | |
|---|---|
| Vous pé-gnié. | Vous peigniez. |
| Si-gnifié. | Signifier. |
| Ma-gnianime. | Magnanime. |
| I-gniare, campa-gnie. | Ignare, campagne. |
| Compa-gnion, brugnion. | Compagnon, brugnon. |
| Ro-gniure, enco-gniure. | Rognure, encognure. |
| Egrati-gniure, i-gnioran. | Egratignure, ignorant. |

Bretagne, Champagne, montagne, je gagne, champignon, lumignon, moignon, désigner, épargner, gagner, signer, témoigner, agneau, magnétique, vigne, teigne, ligne, consigne, cygne, guignon, araignée, ognon, cigogne, mignon, vigogne, baignoire, magnésie, magnétisme, imprégnation, imprégner, Compiègne, seigneur. (C'est une faute que de prononcer, même dans le chant, seinieur, au lieu de sei-gnieur.).

### Du L.

*L* dans le corps d'un mot se prononce devant la rencontre d'une consonne différente :

| | |
|---|---|
| Al-côve, al-bâtre. | Alcôve, albâtre. |
| Bal-con, val-se. | Balcon, valse. |
| Sol-de, Sul-tan. | Solde, Sultan. |

Malmener, alphabet, altesse, alvéole, baldaquin, calcul, culture, filtre, ulcère, calcaire, culte, dalmatique, palpable, poltron, malpropre, malsain, malvoisie, salpêtre, saltimbanque, salve, soldat, sulfureux, vulnérable, vulgaire, belvéder, Belgique, malveillance, algarade, algèbre, algue, alcade, alcyon, bilboquet, calculateur, cal-

---

glisser sur le second : nous accompagnions, compagnon ( *nous accompagnion, compagnion*).

fàtage, calme, Celtique, colza, culbute, golfe, poulpe, palme, palmier, pulmonaire, pulmonique, pulpe, pulsation, pulvérisation, salsifis, solfège, solvable, sulfate, sulpicien, talmud, Anselme.

Bonald. Macdonald, cobalt, malt, Humboldt, Stockolm.

*L* est nul dans les mots suivants :

| | |
|---|---|
| Arnô, Bidô, | Arnauld, Bidauld. |
| Renô, Arnô. | Renauld, Arnault. |
| Bourçô, Dèçô. | Boursault, Dessault. |
| Héno (le), l'érô. | Le Hainault, l'Hérault. |
| Pigô, Kinô. | Pigault, Quinault. |

### Du R.

*R* dans le corps d'un mot se prononce toujours devant la rencontre d'une consonne différente:

| | |
|---|---|
| Ar-bre, vèr-tu. | Arbre, vertu. |
| Sour-ce, cor-don. | Source, cordon. |
| Gibèr-ne, gèr-be. | Giberne, gerbe. |
| Ar-balète, ar-doise. | Arbalète, ardoise. |
| Ar-lequin, ar-mure. | Arlequin, armure, |
| Ar-mée, bar-be. | Armée, barde. |
| Ber-ceau, ber-gerie. | Berceau, bergerie. |
| Bor-dure, bour-don. | Bordure, bourdon. |
| Bour-gade, car-nage. | Bourgade, carnage. |

Carnaval, carquois, charbon, écorce, garçon, guirlande, cocarde, journal, quatorze, horloge, herbe, source, éternel, étourderie, fardeau, ferblanc, fermoir, fertile, forgeron, fourmi, gendarme, gourmand, hargneux, harpagon, marbre, marquis, marmotte, partage, parvis, vermisseau.

## Du PH.

*Ph* dans le corps d'un mot se prononce comme *f*, lorsqu'il est suivi d'une consonne :

Afe-te, Nèfe-tali.  Aphte, Nephtali.

Apophthegme, diphthongue, hydrophthalmie, ophthalmologie, psorophtalmie, triphthongue, Daphné, naphte, ophthalmie.

## Du S.

*S* se prononce avec un sifflement dur lorsqu'il est suivi dans le corps d'un mot d'une consonne différente, comme dans les mots suivants :

As-pèr-je, as-tre.  Asperge, astre.
Pès-te, mas-ke.  Peste, masque.
Regis-tre, fas-te.  Registre faste.
As-périté, as-trologue.  Aspérité, astrologue.
Bas-tonnade, bis-cuit  Bastonnade, biscuit.
Cas-cade, cas-tagnette.  Cascade, castagnette.

Costume, cristal, destin, détester, discorde, discours, disgrâce, dispute, escalier, espace, espiègle, espion, espoir, enregistrer, estafette, estampe, estime, fantasque, feston, funeste, gascon, histoire, jasmin, lustre, monstre, mosquée, rustique, ustensile, restaurateur, lorsque.

*S* est nul dans le corps des mots suivants (1) :

Adolécance, conciance.  Adolescence, conscience.
Dicèrné, diciple.  Discerner, disciple.

_______________

(1) *S* est nul dans le corps des mots : 1° lorsqu'il est suivi de *ce, cé, cè, ci, cy, che, chi*, les deux syllabes, *che, chi*, sonnant à la française

| | |
|---|---|
| Obcène, lékèl. | Obscène, lesquels. |
| Dèke, tandike. | Desque, tandisque. |
| Dékarte, Lâne. | Descarte, Lasne. |
| Le Nôtre, Vôje. | Le Nostre. Vosges. |

Ascendant, ascension, ascétique, condescendance, convalescence, descendre, condisciple, discipline, escient, faisceau, fasciner, indiscipline, s'immiscer, intumescence, irascible, lascif, piscine, réminiscence, rescinder, rescision, ressusciter, susceptible, susciter, transcendant, vesce, prescience, miscibilité.

Lesquelles, desquels, desquelles, mesdames, mesdemoiselles.

Desfontaines, Desforges, Deslandes, Desmoulins, Desmarets, Desnoyers, Desportes, Despréaux, Destouches, Duchesnes, Duchesnois, Dufresnes, Dufresnoy, Laisné, l'Hospital, Le Maistre, Lévesque, Laforest, Belesme, Blesle, Nesle, Duquesne, Saint-Mesme, Avesne, Cosne, de Losne, Aisne, Lisle, Nisme, Bois-Bernard, Bois-Breteau, Bois-d'Arcis, Bois-Nouvel, Bois-de-Rose, Bois-Jaune, Grosbois, Gros-Chastang, Gros-Magny, Gros-Blanc, Gros-bon, Bois-Hubert, Bois-Ivrant.

*Du redoublement des consonnes.*

Nota. Lorsque le redoublement des consonnes

---

et non *ke, ki*; *s* se prononce néanmoins dans les mots *acescence, acescent, dégénérescence, indéhiscence, rarescence* et leurs dérivés, quoique cette lettre soit suivie de *ce*; 2° dans lesquels, lesquelles, mesdames, mesdemoiselles, tandisque, dèsque (*médame, tandike*), et dans les noms propres du Guesclin, Laisné, Vosges, etc ( *du Guéclin, Léné, Voje*); et 3° dans les composés de *bois* et de *gros*, Bois-Isabelle, Bois-de-Chine, Gros-Blanc (*Boud-de-Chine, Gro-blanc, Boud-Isabelle*).

se fait sentir dans le corps des mots, il faut éviter de donner à ces doubles articulations, la valeur pleine des deux résonnances : le son de la première doit-être plus faible et plus rapide que celui de la seconde.

Il n'y a, à proprement parler, que les quatre liquides *l, r, m, n* dont le redoublement se fasse sentir dans la prononciation de certains mots de notre langue.

### Du L (1).

| | |
|---|---|
| Il-lustre, il-létré. | Illustre, illétré. |
| Col-latéral, col-lègue. | Collatéral, collègue. |
| Col-lizion, col-loque. | Collision, colloque. |
| Col-luzion, col-luzouâre. | Collusion, collusoire. |
| Pal-las, Gal-lus. | Pallas, Gallus. |

| | |
|---|---|
| Illégal. | Illibéral. |
| Illégalité. | Illicite. |
| Illégitime. | Illimité. |
| Illico. | Illusion. |
| Illisible. | Illusoire. |
| Illumination. | Illustration. |
| Collaborateur. | Colliger. |
| Collaboration. | Collimation. |
| Collationner. | Colliquatif. |
| Collocation. | Corollaire. |

---

(1) *L* doublé se fait généralement sentir : 1° dans les mots commençant par *ill, colla, colli, collo, collu* ; 2° dans les deux terminaisons *llaire, llation* et dans les noms propres grecs ou latins, lorsque cette double articulation est suivie d'une des voyelles *a, u*.

Colloquer.

Colluder.

Papillaire.

Vallaire.

Appellation.

Épellation.

Flagellation.

Interpellation.

Allocation.

Allusion.

Allaitement.

Alluvion.

Allobroge.

Apollon.

Maxillaire,

Médullaire.

Circonvallation.

Collation (action de conférer).

Constellation.

Scintillation.

Allégorie.

Allocution.

Allante.

Allégresse.

Allégro.

Bellérophon.

Belligérant.

Belliqueux.

Bellon, Bellone, Bellume, chambellan, ellagique, ellébore, elliptique, fallacieux, Gallican, gallicisme, hallucination, intellect, intellectuel, intelligence, intelligible, Magellan, Othello, pusillanime, sollicitation, sollicitude, syllabe, syllepse, syllogisme, Sylla, Pallas, Gallus, Lucullus, Marcellus, Pollux, etc.

## Du R (1).

Ir-ritable, ir-révocable.

Tor-ran, tèr-rèstre.

Je kour-ré, tu rekèr-ra.

Irrachetable.

Irritable, irrévocable.

Torrent, terrestre.

Je courrais, tu requerras.

Irrationnel.

---

(1) Le double *r* se prononce : 1° dans les mots commençant par *err*, *irr*, *horr* ; 2° dans les futurs et les conditionnels des verbes *courir*, *requérir*, *mourir*, *acquérir* et à l'infinitif et au participe du verbe *errer*, ainsi que dans les noms propres qui nous viennent du grec et du latin.

| | |
|---|---|
| Irradiation. | Irréalisable. |
| Irraisonnable. | Irréconciliable. |
| Irrécusable. | Irréflexion. |
| Irréductible. | Irréformable. |
| Irréfléchi. | Irrégularité. |
| Irrégulier. | Irrémissible. |
| Irréligieux, | Irréparable. |
| Irréligion. | Irrépréhensible. |
| Irréprimable. | Irrésolu. |
| Irréprochable. | Irrésolution. |
| Irrésistible. | Irrespectueux. |

Irresponsable, irrévérence, irrigateur, irrigation, irritabilité, irritation, irriter, irruption, aberration, abhorrer, errant, errata, errer, erreur, erroné, horreur, horrible, concurrence, concurrent, occurrence, interregne, terreur, terrification, terrifier, terrorifier, terrorisme, terroriste, torréfaction, torréfier, narrateur, narration, narrer, je mourrai, je mourrais, j'acquerrai, j'acquerrais, je courrai, je requerrai, je requerrais, nous mourrons, Burrhus, Pyrrhus, pyrrhonisme, Verrès, Pyrrha, etc.

## Du M.

*M* redoublé se prononce dans les mots qui commencent par *imm* et dans les suivants :

| | |
|---|---|
| Im-molé, im-monde. | Immoler, immonde. |
| Som-mité, mam-mifère. | Sommité, mammifère. |
| Gram-matical. | Grammatical. |
| Gram-matiste. | Grammatiste. |
| | |
| Immaculée. | Immatérialiste, |
| Immanquable. | Immatériel. |
| Immatérialisme. | Immatricule. |

Immatriculer.     Immédiation.
Immaturité.     Immémorial.
Immédiat.     Immense.
Immersion.     Imminent.
Immeuble.     Immobile.
Immigration.     Immobilier.
Immodéré.     Immoral.
Immodestie.     Immortalité.
Immondice.     Immortel.
Immuable, immanité.     Immutable.

Amman, ammi, ammite, Ammon, ammoniacal, ammonite, gemma, gemmation, nummulaire, nummulite, Ammonites, Emma, Emmanuel, Emmaüs, Mummius, dilemme, gemme, lemme.

Les syllabes emma, emman, emmé, emmi, emmo, emmu se prononcent *an-ma, an-man, an-mé, an-mi, an-mo, an-mu* dans les mots suivants :

Emmagasiner, emmailloter, emmanchement, emmancher, emmancheur, emmantelée, emmarchement, emmanchure, emmanequiner, emmariner, s'emmarquiser, emmêlé, emmelie, emménagement, emmener, emmiellé, emmotté, emmusquer, remmaillage, remmailler, remmailloter, etc.

### Du N.

Le double *n* se fait sentir, en général, dans les mots commençant par *ann, enn, inn* et *penn* :

An-nal, an-nale.     Annal, annales.
An-nate, An-na.     Annate, Anna.
Èn-néagone, décèn-nal.     Ennéagone, décennal.

Èn-nius, pèn-non.     Ennius, pennon.
In-né, in-novacion.     Inné, innovation.
Apèn-nin, pèn-nage.     Apennins, pennage.

Annabasse.     Annexe.
Annaliste.     Annexer.
Annam.     Annihiler.
Annotation.     Annuel.
Annoter.     Annuité.
Annuaire.     Annulaire.
Annuler.     Ennéade.
Ennéacorde.     Ennéandrie,

Innavigable, innavigabilité, innocuité, innombrable, innombrablement, innomé, innominable, innominé, innovateur, innumérabilité, innumérable, pennage, pennatifide, pennatulaire, pennatule, penniforme, pennon, septennal, septennalité, triennal, triennalité, vicennal, vicennales,

Annibal, Brennus, Cinna, Enna, Porsenna, Jenny, Sennachérib.

*En* suivi d'un *n* au commencement des mots suivants se prononce *an* : ennoblir, ennui, s'ennuiter, ennuyant, ennuyer, ennuyeusement, ennuyeux (*an-noblir, an-nui-ieu*).

### Du B et du P redoublés.

Les deux *bb* et les deux *pp* se font sentir dans le corps des mots suivants :

Jib-beu, jib-beuze.     Gibbeux, gibbeuse.
Jib-bozité, jib-bon.     Gibbosité, Gibbon.

Jib-bî, ap-pétance.      Gibbie, appétence.
Ap-pété, Ap-piade.      Appéter, Appiades.

## Du C redoublé.

Deux *cc* suivis, dans le corps d'un mot, de l'une des trois voyelles *e*, *i*, *y*, se prononcent, savoir : le premier, comme *k* et le second, comme *c* doux ou comme *ç* cédille.

### EXEMPLES :

Ak-cédé, ak-céléré.      Accéder, accélérer.
Ak-cèp-té, ak-cè.      Accepter, accès.
Ak-cidan, Ok-cidan.      Accident, Occident.
Cok-cis, ak-çantué.      Coccyx, accentué.

Accidentel, accipitres, accise, occidental, occiput, succès, succession, accéder, accélération, accélérer, accense (ak-çance), accent, accentuation.

Les deux *cc* sonnent chacun comme *k* dans les mots suivants :

Impèk-kabilité.      Impeccabilité.
Impèk-kable.      Impeccable.
Impèk-kance.      Impeccance.

Peccable, peccadille, peccant, peccata, peccavi.

Les deux *gg* sonnent : le premier dur et le second doux dans les mots suivants :

Ague-jédule.      Aggédule.
Sugue-jéré.      Suggérer.

| | |
|---|---|
| Sugue-jèstion, | Suggestion. |
| Sugue-jèste. | Suggeste. |

Les deux *ss* se prononcent dans les mots suivants :

| | |
|---|---|
| Comprès-cibilité. | Compressibilité. |
| Imprès-cion. | Impression. |

Compressible, compressif, compression, irrémissible,
irrémissiblement, jussion, sessile, inamissibilité, inamissi-
ble, incompressible, assation, vicissitude.

*D* et *t* redoublés se prononcent dans les mots
suivants :

Adducteur, adduction, reddition, adda, intermittence,
intermittent, guttural, littéral, littérateur, littérature, lit-
toral, pittoresque, attique, atticisme, battologie, in-petto.

Le double *z*, dans les mots peu francisés, se
prononce *dz* :

| | |
|---|---|
| Strod-zi. | Strozzi. |
| Pod-zo di Borgo, | Pozzo di Borgo. |
| Pèstalod-zi. | Pestalozzi. |
| Durad-zo. | Durazzo. |
| Mèd-zotèrminé. | Mezzo-termine. |

Les mots lazzi, pouzzolane, Abruzzes se prononcent : *Lâzi, pouzolane, Abruzes* (1).

---

(1) **Observez : 1°** que *f* doublé dans l'intérieur des mots se prononce simple : souffrir, chiffre, affirmer (*sou-frir, chi-fre, a-firmé*) ;

# DE LA PROSODIE [*].

La prosodie est l'art de prononcer les mots, selon l'accent et la quantité de chaque syllabe.

L'accent est l'élévation ou l'abaissement de la voix sur certaines syllabes

La quantité est la mesure des syllabes. Elle se règle sur l'espace de temps que l'on met à les prononcer.

Toute syllabe est brève ou longue.

La syllabe brève est prononcée en moins de temps que la syllabe longue.

La syllabe brève n'a que la valeur d'un temps et la longue, celle de deux.

La durée d'une syllabe brève est le temps nécessaire pour prononcer une voyelle simple.

La durée d'une syllabe longue est le temps

---

2° que l'on ne prononce qu'une seule articulation dans les adjectifs féminins qui doublent leurs consonnes, bonne, chrétienne, muette, nulle, folle, sotte, belle, etc. (*bo-ne*, *chrétiè-ne*, *muè-te*, *nu-le*, *fo-le*, *so-te*, *bè-le*); 3° enfin, que la prononciation des deux articulations n'est point exigée dans les mots qui ne sont point soumis aux règles établies dans les divers articles qui précèdent sur la réduplication des consonnes sonores, à moins que ce ne soit des mots exotique ou sans famille.

(*) Nous ne traiterons dans cette partie que de ses règles les plus importantes et les plus usuelles.

nécessaire pour prononcer deux voyelles simples.

Les syllabes brèves sont plus ou moins brèves et les longues sont aussi plus ou moins longues.

### Des Accents (1).

Il y a trois accents pour marquer les inflexions de la voix.

Ces accents sont: 1° l'accent aigu (´) que l'on écrit de droite à gauche en descendant, marque un ton élevé.

2° l'accent grave (`) que l'on écrit de gauche à droite, indique un ton bas.

3° l'accent circonflexe (^) qui est la réunion de l'aigu et du grave, désigne un ton haut et un ton bas, c'est-à-dire, qu'il faut d'abord élever la voix et l'abaisser ensuite sur la même syllabe.

### EXERCICE

*Sur les divers accents.*

Aglaé, Danaé, abbé, Phébé, péché, débouché, possédé, décidé, procédé, décédé, désobéir, dégénéré, café, réchauffé, congé, négligé, préjugé, défilé, jubilé, écrémé, résolu, affermé, basané, chagriné, raisiné, canapé, convoqué, invoqué, piqué, conjuré, curé, aéré, malgré, ré-

---

(1) Les sons aigus sont brefs, serrés, et fermés; les graves sont ouverts et longs.

Pour produire les premiers, on arrête l'air au fond du gosier, à mesure qu'il s'échappe des poumons, et on le laisse répandre, dans toute la bouche, pour former les seconds.

féré, délabré, divinité, piété, vélocité, sauvé, lavé, pavé.

Abcès, accès, aloès, après, aspergès, auprès, Cérès, cyprès, décès, excès, exprès, Périclès, près. procès, progrès, succès, très, Xérxès, Gigès, Lutèce, Grèce, pièce nièce, Archimède, Ganimède, remède, tiède, cèdre, Phèdre, Cybèle, dentèle, nivèle, révèle, pénultième, poème, problème, quatrième, système, thème, arène, sirèné, bergère, chimère, confrère, Homère, père, mère, vipère, misère.

Lâche, relâche, tâche, emplâtre, prêtre, blême, voûte, bûche, embûche, âge, âme, âpre, paraître, apôtre, dégât, pâte, pêle-mêle, blasphême, même, crême, fête, bête, jeûne, fantôme, trône, flûte, vêpres, vôtre, apprêt, gîte, regître, épître.

### De l'accent tonique.

L'accent tonique est l'élévation de la voix sur une des syllabes d'un mot.

Cet accent occupe, dans nos mots, deux places, savoir: la dernière syllabe si la terminaison est masculine et l'avant dernière, si elle est féminine.

On nomme terminaison masculine, celle qui n'a pas d'*e* muet, comme dans: jar-*din*, mai-*son*, bon-*té*, juge-*ments*, etc. et terminaison féminine celle qui a l'*e* muet, comme dans: crê-*che*, plan-*te*, défen-*se*, fê-*tes*, etc.

### EXERCICE (1).

Incer*tain*, pro*chain*, souve*rain*, arti*san*, talis*man*, ré-

---

(1) On doit relever et appuyer plus la voix sur les syllabes imprimées en italalique qui indiquent, dans cet exercice, l'accent, que sur celles qui ne le sont pas.

vérend, abondant, antécédents, ardent, président, transcendant, suppliant, vigilant, entreprenant, vieillards, tombeau, troupeaux, charbons, chardon, pardon, univers, adulateurs, détracteurs, explorateurs, fondateurs, affreux, scandaleux, messagers, dangers, chrétiens, magiciens, chevaliers, séraphins, Constantin, conversations, prétention, indécis, paradis, serment, poliment, parvenus, courroux, debout, attributs, etc.

Abondance, assistance, bienfaisance, providence, tempérance, dimanche, demande, offrande, réprimande, tendre, défendre, entendre, organe, profane, louange, suppliante, Pape, Socrate, brèche, calèche, insecte, règne, enseigne, délègue, merveille, corbeille, chapelle, nouvelle, poème, obsèques, archevêque, proverbes, réverbères, citerne, délicatesse, politesse, princesse, baguette, interprète, bible, indicible, intelligible, lisible, sensible, injustice, malice, sacrifice, articles, timide, limpide, domicile, rosière, ciboire, territoire, oratoire, purgatoire, borne, réforme, sacerdoce, dévote, voûte, bûche, multitude, servitude, clôture, armure, dispute, arbuste.

## *De la Quantité* (1).

### Des voyelles brèves.

RÈGLES : 1° Toute voyelle simple au commencement ou à la fin des mots est brève, si elle n'est point marquée d'un accent grave : *olive, so-*

(1) La quantité est la mesure des syllabes longues ou brèves. Elle se règle, non selon un espace de temps déterminé, mais d'après le temps nécessaire à chaque individu pour prononcer une longue ou une brève, la voix de l'homme étant personnelle et inhérente à

*pha,* opéra, obéir, arabe, *uniforme,* ve*nu,* per*du,*
*é*bauche, *é*cale, *é*clore, etc. ;

2° Toute voyelle suivie d'une consonne finale
qui n'est ni *s* ni *z* est brève, à moins qu'elle ne
soit marquée d'un accent circonflexe : *lac,* pub*lic,*
pa*v*ot, *tuf,* hu*meur,* etc. ;

3° Toute voyelle simple qui précède dans le
corps d'un mot, un *m* ou un *n* doublé d'une
lettre de même nature est brève: *gramm*e, con-
*sonn*e, etc. ;

4° Toute voyelle, placée devant un *r* ou un *s*
sonore suivi d'une consonne différente, est brève :
*barbare, dormir, organe,* in*firme, bordure, cas-
que, faste, disque, poste, injuste,* etc.;

5° *E* placé devant un *r*, un *s* ou un *l* sonore
suivi d'une consonne différente, servant à former
une syllabe masculine est bref: *v*ertige, *v*ertu,
*v*estale, *v*estibule, *cel*tique, etc.;

6° Toute voyelle qui termine une syllabe, dans
le corps d'un mot, est brève quand elle est immédiatement suivie d'une voyelle autre qu'un *e*
muet: *cré*é, *créer, tué, tuer, doué douer, féal,* etc.

7° Une des voyelles *a, i, o, u,* immédiatement
suivie de la syllabe *tte* est brève : *ch*atte, mar*otte,
l*utte, etc, ;

---

chaque être : ainsi , deux hommes , dont l'un parle lentement et
l'autre avec vitesse, observent également, tous les deux, la quantité,
quoique l'un ait plus vite prononcé une longue, que l'autre, une
brève, à cause de leur organisme particulier.

8° *Il* final, mouillé ou non, est bref: av*ril*, conse*il*, recue*il*, ci*vil*, sour*cil*, etc.;

9° Toute syllabe nasale, placée à la fin d'un mot est brève: vol*can*, char*bon*, de*main*, se*rein*, des*sein*, jar*din*, etc.;

10° Toute terminaison en *er* et en *et* est brève, quand le *r* ou le *t* final d'une de ces terminaisons est muet: bou*cher*, ai*mer*, pom*mier*, ban*quet*, ca-bi*net*, pro*jet* (*bouché, aimé, pomié, banqué, cabi-né, projé*), etc.;

11° Toute syllabe en *ai, ay, ci* et *ey* est brève: 1° à la fin des mots; 2° au commencement et dans l'intérieur des mots, lorsqu'elle est suivie d'une syllabe masculine: dé*lai*, rem*blai*, j'*ai*, je chante*rai*, je ri*rai*, *dey*, *Ray*mond, *Rey*naud, *mai*son (*délé, remblé, jé, je chanteré, je riré, dé, Rémond, Rénaud, mézon*), etc.;

12° *Eu* est bref au commencement et à la fin des mots: *Eu*rope, a*veu*, *heu*reux, etc.;

13° *A* suivi d'une des syllabes finales *de, le, me, ne, pe, te, cre, fre, fe, phe, ge, gue, che, gne* est bref: au*ba*de, *fi*nale, *da*me, ca*ba*ne, *ta*che, épita-phe, *sa*ge, *da*gue, cam*pa*gne, etc.;

14° *A* est bref dans les finales *asse, ace* et géné-ralement dans le corps des mots, lorsqu'il est suivi de *sse*: *cha*sse, *ma*sse, *va*sselage, etc.;

15° *Ou* est généralement bref: lo*ua*ble, réjouis-sance, bi*vou*ac, en*fou*ir, etc.;

16° *Ou* dans *oua* écrit par *oi, oé* et *ua* est bref:

*l*oi, *f*oison, *croire*, *poêlon*, aquatique (*loua, foua-zon, crouare, poualon*) (1). ;

17° Toute voyelle qui précède la lettre *y* immédiatement suivie d'une autre voyelle est brève dans les noms propres de lieu et de famille : A*m*ayon, *Gu*yon', *No*yers, etc. ;

18° La syllabe *ez* est brève dans tous les temps des verbes : vous li*sez*; vous pleure*rez*, vous a*vez* chanté, vous se*rez* puni, réjouis*sez*-vous? (*vous lisé, vous pleureré*), etc.;

19° Toute syllabe féminine est brève, tant au singulier qu'au pluriel, à la fin et dans le corps des mots, lorsque l'*e* muet est précédé d'une consonne : [rava*ge*, faça*de*, des poi*res*, hum*blement*, faci*lement*, ils li*sent*, ils chan*tent*, il chan*te* (2).

1ᵉʳ EXERCICE.

Toute syllabe imprimée en italique doit être prononcée brève dans les exercices suivants :

*A*vantage, *a*dage, *a*gissant, il aime*ra*, déj*à*, opé*ra*, *ia*mbe, *i*déal, *i*dée, *i*dole, *i*rrévocable, ali*bi*, jeu*di*, mi*di*,

---

(1) Toute diphtongue est représentée par deux voyelles qui doivent être prononcées en une seule émission de voix, et faire entendre néanmoins deux sons bien distincts. Le premier de ces sons doit être faible et le second, fort; ainsi, pour exécuter convenablement cette double sonorité, on devra passer avec vitesse sur la première voyelle et faire la tenue sur la seconde.

(2) Bien que les finales féminines de nos mots ne soient point susceptibles d'être prosodiées, nous avons cru néanmoins néces-

puni, four*mi*, *odeur*, *ovale*, *opérer*, bravo, *écho*, indi*go*, numéro, zéro, *union*, *unanime*, *uniforme*, *ému*, pro*mu*, dépour*vu*, imprévu, ébat, écart, écharpe, éclat, écrou, effacer, effectif, effigie, effort, égide, énorme, épi.

**Tabac**, alm*anach*, esto*mac*, alam*bic*, syn*dic*, ca*nif*, *fil*, ba*bil*, dé*vot*, pa*vot*, ra*bot*, si*rop*, la*beur*, hu*meur*, ma-*lheur*, am*pleur*, ar*deur*, César, cauche*mar*, notaria*t*, po-ten*tat*, syndi*cat*, man*dat*, odora*t*, anagramme, épi*gram*-me, *gamme*, pro*gramme*, *comme*, *gomme*, *homme*, *pomme*, somme, *consomme*, *nomme*, *canne*, pay*sanne*, Su*zanne*, Baronne, *bonne*, colonne, couronne, personne.

*Barbarisme*, *cardinal*, *bordure*, *Burgrave*, cordon, corsage, circulation, cosmorama, *fastidieux*, *liste*, *lustri*-ne, *lustre*, injustice, *herbier*, *herbivore*, *herbu*, *hercule*, *hermine*, *hermite*, *merci*, Mercure, *merlan*, *merluche*, *ner*-veux, *nervure*, *perfide*, *perforation*, *permission*, *permuter*, *perquisition*, *pestiféré*, *bestiaux*, *festin*, *feston*, *gestion*, *gesticuler*, *vestiaire*, *vestige*, mosquée, *fustigation*, impos-teur, *nelma*, *pelta*, *belvéder*, *delta*, *Mel*pomène, a*gréé*, a**gréer**, su*ppléé*, su*ppléer*, no*ué*, justi*fié*, puri*fié*, dé*nué*, diminuer, évacué, *fléau*, *féage*, *féodal*, *péage*, ri*puaire*.

*Datte*, *natte*, ca*lotte*, hugue*notte*, *butte*, *hutte*.

---

saire de formuler, à cet effet, une règle spéciale, pour prévenir les habitants d'un grand nombre de communes du midi de la France de prononcer brèves ces finales, au lieu de les prononcer longues comme ils le font, ce qui rend leur langage tout à fait défectueux, en allongeant, outre mesure, des syllabes qui sont extrêmement brèves.

Nota. L'*e* muet du pluriel des verbes, des substantifs et des adjectifs est bref, quoiqu'il y ait, dans la prononciation, une légère différence entre *il chante* et *ils chantent*, et entre *une rose* et *des roses*, etc.

Alguaz*il*, Brés*il*, inci*vil*, pis*til*, pué*ril*, sub*til*, vala*til*, ba*bil*, gen*til*.

Artis*an*, partis*an*, rom*an*, rub*an*, sat*an*, vétér*an*, capu*cin*, cha*grin*, Chéru*bin*, che*min*, capu*chon*, man*chon*, bal*con*, aban*don*, par*don*, Jun*on*, Rom*ain*, mon*dain*, sou*verain*, *plein*, *bain*.

2· EXERCICE.

Tom*ber* (*tombé*), déro*ber*, absor*ber*, bû*cher*, clo*cher*, ro*cher*, prê*cher*, abor*der*, accor*der*, bro*der*, prési*der*, deman*der*, ateli*er*, charbonni*er*, créanci*er*, renti*er*, appréci*er*, envi*er*, purifi*er*, vivifi*er*, suppli*er*.

Boul*et*, duv*et*, obj*et*, livr*et*, alphab*et*, bracel*et*, brev*et*, caqu*et*, chapel*et*, cheval*et*, coupl*et*, décr*et*, robin*et*, suj*et*.

Annon*ai*, bal*ai*, Belley, *brai*, *Bey*, Epern*ai*, Jersey, je lir*ai*, je comba*trai*, je présider*ai*, je le protéger*ai*, cal*aison*, *baignoire*, *baisure*, cai*sson*, *faiblir*, *naissance*, *paisible*, *paissant*, Lain*ez*, *Maigrot*, *Rainier*, aim*able*, air*ain*, *clairon*, *raison*, *prairie*.

*Eubages*, *Eucharistie*, *eucologe*, *euphonie*, *Euterpe*, chev*eu*, désav*eu*, enj*eu*, hébr*eu*, par*bleu*, nev*eu*.

Camarade, bri*gade*, promenade, ci*gale*, capi*tale*, morale, *dame*, ma*dame*, cara*vane*, organe, tisane, pro*fane*, *chape*, sou*pape*, é*tape*, pi*rate*, Socrate, omo*plate*, diacre, massacre, simu*lacre*, ba*lafre*, safre, *cafre*, a*grafe*, ca*rafe*, géo*graphe*, para*phe*, télé*graphe*, abor*dage*, arri*vage*, car*nage*, chau*ffage*, om*brage*, *bague*, *dague*, Gyrov*ague*, ma*drague*, *vache*, bourrache, cra*vache*, Eusta*che*, mon*tagne*, Roma*gne*, Breta*gne*, compagne, a*gasse*, Alsace, au*dace*, bécasse, bo*nace*, bonasse, *brasse*, calebasse, carcasse, *chasse,* cocasse, contumace, coriace, *crasse, crevasse, cuirasse,* cu*l*asse, dédi*c*ace, efficace, *face,* fa*ll*ace, fila*s*se, *glace,* lima*c*e, *masse,* menace, pa-perasse, *Parnasse, place,* popu*l*ace, pré*f*ace, rapace, sur-*f*ace, *te*rrasse, vorace, *bassine, bassinoire, casserole,* déba*r*asser, am*b*assadeur, *rassemblement, rassurer.*

3ᵉ **EXERCICE.**

*Douane, douanier.* escouade, *fouage, louage, louanger,* a*ll*ouer, amado*u*er, avo*u*er, ba*f*ouer, *chouette,* déjo*u*er, dénouer, désavouer, dévo*u*er, écho*u*er, embo*u*er, enjouer, jo*u*eur, *louer, secouer,* baragou*i*ner, *jouir, réjouissance,* ba*b*ou*i*n, bédo*u*in, etc.

Be*ff*roi, char*r*oi, con*v*oi, e*ff*roi. *foi, moi, emploi, soin, l*oin, be*s*oin, coin, pour*p*oint, un *p*oint, cou*l*oir, de*v*oir, espoir, la*v*oir, sa*v*oir ter*r*oir, vou*l*oir, *p*oisson, il *b*oit, elle *d*oit, *s*oit, en*dr*oit, *t*oit, il *b*oite, ci*b*oire, no*t*oire, *n*oire, provis*o*ire, etc.

*Moelle, m*oelleusement, *m*oelleux, *m*oellon, *poêle, poê-l*ier, *p*oêlonnée, etc.

*Aq*uarelle, *éq*uateur, *éq*uation, in-*q*uarto, *q*uadragénaire, *q*uarto, etc.

*Bayadère, Ayen, Bayard, Bayeux, Bayonne, Cayenne, Fayol, Lafayette, Mayence, Mayenne, Loyer, Moya, Aya-*monte, *Ayat, Boyon, Boyaval, Boyer.*

Vous gri*ff*ez, vous triompher*ez,* vous ré*signez-v*ous? vous témoigner*ez,* vous légu*ez,* vous dépar*lez,* pouvez-vous? vous me cruci*fiez,* vous le secour*ez,* vous chan-ce*lez,* vous vous modi*fiez,* découpez-le? etc.

Bar*b*e, mansar*d*e, brèche, trè*fl*e, aigle, crème, diadème, basilic*que*, provisoirement, puéri*lem*ent, pur*em*ent, régl*e*-ment, super*bem*ent, tu ai*mes*, tu chan*tes*, tu dévo*res*, tu murmu*res*, tu résis*tes*, tu débar*ques*, tu grim*pes*, tu trom*pes*, des ta*bles* rondes, des places vas*tes*, des glaces magnifi*ques*, des terrasses vas*tes*, des hommes jus*tes*, des poi*res* dou*ces*, ils se brû*lent*, ils le défen*dent*, ils mur-mu*rent*, ils sou*pent*, ils di*nent*, ils le tourmen*tent*, elles fi*lent*, elles cous*ent*, elles se chagri*nent*, elles vivent so-*brement*, il mar*che*, ils mar*chent*, il se promè*ne*, ils se promè*nent*, etc,

### De l'E moyen (1).

RÈGLES : 1° Tout *e* marqué de l'accent grave dans l'intérieur des mots est moyen, lorsqu'il est suivi d'une syllabe féminine : père, mère, il dégèle, misère, rivière, collége, cortége (*colège, cortège*) ;

2° Tout *e* suivi d'une consonne sonore, à la fin d'un mot est moyen : fer, fier, autel, quel, sel, bref, débet, tacet (*fèr, autèl, quèl*), etc. ;

3° Tout *e* placé dans le corps d'un mot devant

---

(1) La mesure de l'*e* moyen pour son intonation est celle d'un temps et demi.

NOTA. La plupart des accents employés dans le cours de nos règles et de nos exercices, doivent être considérés, non comme signes réels des principes établis dans l'orthographe des mots de notre langue, mais comme signes que nous avons choisis pour dé-signer la quantité des voyelles qui se trouvent dans les mots dont nous avons fait usage pour nos exemples. Ainsi , l'*e* qui précède le *g* , dans les mots *collége, sacrilége* etc. s'écrit avec un accent aigu et nous, pour indiquer que cet *e* doit se prononcer moyen, nous l'avons marqué d'un accent grave.

deux consonnes de même nature est moyen, quand cés deux consonnes sont immédiatement suivies d'un *e* muet: tonnerre, la mienne, gazette, belle, duchesse, etc. (*Tonèrre, la miènne, gasètte, bèlle, duchèsse*), etc.;

4° Tout *e* placé dans le corps d'un mot, devant deux consonnes de nature différentes est moyen, si la dernière consonne sert à former une syllabe féminine: citerne, gerbe, funeste, presque, Belge. (*citèrne, gèrbe, funèste, prèsque, Bèlge*), etc.;

5° Un des sons *ai* ou *ei* suivi d'une syllabe féminine est moyen: calvaire, retraite, neige, graine, peine, baleine (*calvère, retrète, nège, grène, pène, balène*), etc.

### EXERCICE.

Toute syllabe imprimée en italique sera prononcée moyenne dans l'exercice suivant:

Artère, austère, bergère, chimère, galère, Homère, prospère, sphère, vipère, elle dégénère, elle prospère, il régénère, célèbre, funèbre, zèbre, Eusèbe, Démosthène, obscène, patène, sirène, Cybèle, modèle, zèle, il chancèle, il gèle, il morcèle, il nivèle, il sème, il se démène, espèce, la Grèce, Lutèce, nièce, brève, élève, Eve, trève. Andromède, Archimède, Diomède, remède, tiède, il cède, il possède, Barège, Le Corège, Liège, collège, sacrilège.

*Caleb, Alep, Salep, Obed, Sem, Eden, Jérusalem, Mathusalem, gramen, gluten, chef, fief, Joseph, nef, Abel,* annuel, tour de Babel, casuel, colonel, dégel, Gabriel, Michel, naturel, universel, pluriel, temporel, amer, bélvéder, cancer, cher, hier, Jupiter, Lucifer, magister.

*Air*, chair, éclair, impair, pair (1).

*Licet*, juillet, aneth, Elisabeth, Nazareth, Jeth.

Angleterre, cimeterre, équerre, guerre, lierre, parterre, pierre, verre.

Antenne, antienne, étrenne, garenne, magicienne, moyenne, chapelle, citadelle, demoiselle, dentelle, échelle, étincelle, ficelle, nouvelle, parcelle, tutelle, adresse, comtesse, délicatesse, détresse, faiblesse, finesse, jeunesse, largesse, paresse, politesse, sagesse, souplesse.

Aigrette, baguette, bandelette, banquette, cachette, cassolette, charrette, cuvette, disette, luette, manchette, serviette, squelette, violette, adverse, diverse, à la renverse, adverbe, superbe, germe, ferme, caserne, interne, poterne, taverne, serpe, Euterpe, perte, découverte, ménestrel, arabesque, burlesque, fresque, gigantesque, grotesque, pédantesque, romanesque, tudesque, agreste, céleste, digeste, geste, leste, manifeste, peste, reste, zeste, équestre, orchestre, semestre, trimestre, Celme, Delphes, peltre, velte.

Aide, laide, aubaine, capitaine, chaine, domaine, gaine, laine, migraine, neuvaine, plaine, pleine, Baine, semaine veine, verveine, contraire, corsaire, émissaire, exemplaire, légataire, militaire, volontaire, vulgaire, défaite, traite.

______

(1) La terminaison des mots en *air* se prononcé comme celle des mots en *er* rude avec le son de l'*e* moyen.

### Des voyelles longues.

RÈGLES : 1° Toute voyelle marquée d'un accent circonflexe est longue : bâton, dîner, diplôme, baptême flûte, etc. ;

2° Toute voyelle suivie d'un *e* muet est longue : armée, la *rue*, je *joue*, je *prierai*, etc. ;

3° Toute voyelle immédiatement suivie d'une des syllabes *ze* ou *se* sonnant *ze* est longue : To-*paze*, *base*, *rose*, *épouse*, *ruse*, *creuse*ment, etc. ;

4° Toute syllabe finale d'un mot masculin, écrit au singulier, comme au pluriel, déclinable ou non et terminé par une des lettres *s*, *z* ou *x* est longue : le *temps*, le *nez*, ja*mais*, un pa*lais*, un hé*ros*, emba*rras*, *sans*, un *creux*, toute*fois*, un dis*cours* ;

5° Toute syllabe finale d'un mot masculin terminé au pluriel par une des lettres *s*, *z*, *x* ou par *aient* est longue : des *bols*, des *sacs*, des *chats*, des ch*iens*, des mai*sons*, des no*ix*, des bals, des *lords*, des *nez*, des chev*eux*, des chev*aux*, des na-*vets*, nous li*sons*, il *lisaient*, ils *couraient*, etc.;

6° Toute .voyelle nasale, immédiatement suivie dans le corps d'un mot d'une consonne différente, c'est-à-dire, qui n'est ni *m* ni *n*, est longue : *jam*bon, *cam*pagne, *craintif*, *pant*in, *humb*le, etc. ;

7° Une des voyelles *a*, *i*, *o*, *u*, suivie de deux *rr*, qui ne se prononcent pas tous les deux, mais qui indiquent seulement une articulation plus forte est longue : *barricade*, *barrage*, *arrivage*, *bourre-*ler, etc. ;

8º Toute syllabe finale en *ard, erd, ord, ourd, art, ert, ort, eurt, ourt* est longue : éten*dard*, il *perd*, a*bord, lourd,* il *part,* dé*sert, heurt,* il *parcourt,* etc.;

9º Les lettres *a, i, o, u* et les voyelles composées *oi, ou, au, eu* suivies de *re, rre,* ou *rent* à la fin d'un mot sont longues : a*vare,* ba*garre,* em*pire,* au*rore,* j'ha*borre,* ar*mure,* gl*oire,* brav*oure,* ils ha*borrent,* ils fi*nirent,* etc.;

10º *E* de *es* final, marqué de l'accent aigu ou de l'accent grave est long : bon*tés,* difficul*tés,* pro*cès,* pro*grès,* etc. ;

11º Les voyelles pénultièmes des mots terminés en *abre, adre, afle, acle, ave, avre, oivre, euvre, ige, igent, idre, otre, uche* sont longues : *sa*bre, *cadre, rafle,* mira*cle, cave,* cada*vre,* poi*vre,* cou*leuvre,* man*œuvre, tige,* a*ffligent, cidre, hydre,* v*otre,* cr*uche,* r*uche,* etc. ;

12º Les sons *au, ou* suivis d'une consonne à la fin d'un mot sont longs : *chaud,* il *faut,* un *saut, taux,* un *bout,* a*tout,* etc. ;

13º *I* tréma est long : a*ïeul;*

14º Toute voyelle suivie de *ille* mouillé est longue : mé*daille, paille,* a*beille,* cor*beille, feuille,* che*nille, fille,* ci*trouille,* etc. ;

15º Toute voyelle suivie de deux *ss* dans les imparfaits du subjonctif est longue : que je *fusse,* qu'ils ren*dissent,* que tu re*çusses,* que tu *eusses* reçu, que je fi*nisse,* que nous chan*tassions,* etc. ;

16º Toute voyelle suivie de deux consonnes sonores de même nature dans le corps d'un mot est longue : *illusion*, *irréprochable*, *immoler*, *immortel*, *annoter*, *accident*, etc.

1<sup>er</sup> EXERCICE.

Toute syllabe imprimée en italique sera prononcée longue dans les exercices suivants, ainsi que les voyelles marquées d'un accent circonflexe :

Pâte, déjeûner, blâmer, apôtre, alcôve, chaîneau, idolâtre, plâtre, théâtre, voûte, blême, fête, bête môle, côte, gîte, boîte, abîme, affût, île, cou*dée*, i*dée*, Méli*bée*, ban*lieue*, *lieue*, dra*gée*, ran*gée*, chirur*gie*, effi*gie*, éner*gie*, ma*gie*, a*llée*, assem*blée*, val*lée*, fu*mée*, reno*mmée*, céré*monie*, ave*nue*, bé*vue*, char*rue*, lai*tue*, re*vue*, *boue*, Ca*poue*, écr*oue*, la j*oue*, r*oue*, enj*ouement*, ab*oiement*, déno*uement*, *paiement*.

*Gaze*, *haze*, *seize*, *douze*, *Suze*, to*paze*, *treize*, tra*pèze*, pé*gase*, *vase*, gé*nèse*, *thèse*, heu*reuse*, chan*teuse*, ana*lyse*, *bise*, che*mise*, *prise*, re*mise*, ar*doise*, *toise*, *cause*, *dose*, *pause*, *prose*, ja*louse*, ven*touse*, ca*muse*, cé*ruse*, *muse*.

Prin*temps*, *sens*, a*vis*, *riz*, *gris*, de*vis*, ta*pis*, ver*nis*, An*glais*, désor*mais*, *frais*, ma*rais*, mau*vais*, la *paix*, ra*bais*, en*clos*, pro*pos*, re*pos*, a*mas*, *bras*, re*pas*, tré*pas*, en*jeux*, malheu*reux*, peu*reux*, goû*teux*, *bois*, *choix*, ma*tois*, mi*nois*, *noix*, pa*tois*, *voix*, con*cours*, re*cours*, se*cours*, tou*jours*, ve*lours*.

Entre*sols*, para*sols*, rossi*gnols*, alma*nachs*, *lacs*, esto*macs*, avo*cats*, com*bats*, magi*strats*, man*dats*, poten*tats*,

12

bacheliers, chevaliers, métiers, usuriers, manchons, balcons, cordons, pardons, dragons, doigts, toits, rapports, corps, abords, accords, mylords, hébreux, neveux, canaux, maréchaux, rivaux, tribunaux, laids, boulets, trajets, ils aimaient, ils pleuraient, elles lisaient, ils marchaient, elles écriraient, elles viendraient, ils murmuraient.

Ambulant, ambroisie, blancheur, blanchir, champêtre, champignon, chance, conduire, conforme, contraction, contrefaire, enflure, engager, enquête, jambe, lingot, manche, mandat, mondain, montre, nonce, nonante, plantage, rançon, sanglant, songe, tambour, tante, craindre, humblement, pendule, plaintif, bombe, broncher.

## 2ᵉ EXERCICE.

Arrêt, arrhes, barre, bizarre, bagarre, catarrhe, amarrer, barreau, barrière, carreau, carrelage, carrière, équarrir, garroter, parrain, abhorrer, bourre, bourrer, je pourrai, elle leurre.

Babillard, Bernard, boulevard, hasard, regard, tard, départ, écart, il part, rempart, verd, concert, couvert, disert, expert, ouvert, accord, bord, mylord, rebord, effort, un mort, rapport, renfort, transport, sourd, elle accourt, il encourt, il meurt.

Barbare, barre, fanfare, phare, Icare, elle se pare, délire, lire, lyre, pire, sbire, vampire, il admire, il attire, ils virent, ils empirent, ils admirent, encore, Maure, Laure, évapore, il abhorre, aventure, armure, il endure, torture, verdure, toiture, sûre ciboire, croire, foire, gloire, ivoire, mémoire, prétoire, provisoire, victoire, territoire, il entoure, il bourre, il fourre, ils rirent, ils reçurent, ils rompirent, ils comparurent, ils endurent tout, ils burent, ils confondirent.

Austérités, comtés, députés, facilités, générosités, indignités, infirmités, iniquités, nullités, parentés, abcès, accès, après, auprès, cyprès, excès, Périclès, succès, très, Gigès, Menès.

Il se cabre, Calabre, candélabre, il encadre, escadre, il rafle tout, obstacle, oracle, tabernacle, spectacle, débacle, entrave, conclave, brave, il navre, litige, prestige, prodige, vertige, ils corrigent, ils désobligent, ils obligent, ils voltigent, clepsydre, bûche, embûche.

### 3· EXERCICE.

Assaut, artichaut, badaud, maraud, nigaud, penaud, défaut, Escaut, il vaut, Bordeaux, chaux, il absout, elle coud, égout.

Naïf, Saül, haïr, Esaü, coïncidence, héroïne, égoïsme, Moïse, héroïque, boïard, bisaïeul, aïeux, Caïn, Naïades, baïonnette, faïence, païen.

Entaille, limaille, médaille, il travaille, elle rimaille, elle raille, il écaille, elle le chamaille, corbeille (korbé-llie), merveille, pareille, éveille, il sommeille, treille, vieille, béquille (béki-llie), bille, cédille, chenille, coquille, jonquille, quille, vanille, grille, feuille, accueille, recueille, grenouille, patrouille, quenouille, rouille.

Que j'accrusse, que j'admisse, que nous allassions, que nous appartinssions, que vous appelassiez, que je consentisse, qu'ils convinssent, que nous décrivissions, que je déduisisse, que tu disjoignisses, que j'écrivisse, que tu écrivisses, que nous écrivissions, que je m'enfuisse, que nous nous en*fui*ssions, que nous entrep*ri*ssions, que tu entre*ti*nsses, que nous *fu*ssions, que nous ouv*ri*ssions, que je pa*ru*sse, que vous pa*ti*ssiez, que je pe*çu*sse, que tu pe*di*sses, que nous prom*i*ssions, *allocution*, *allusion*, *A*pollon, *i*llimité, *i*llustrer, so*lli*citude, va*ci*llation, *mallé*able, o*sci*ller, so*lli*citeur.

Ho*rr*eur, *irr*écusable, *irr*éfléchi, *irr*émissible, *irr*iter, *to*rréfier, *imm*aculé, *imm*atériel, *imm*émorial, *imm*inent, *imm*odéré, *imm*ortel, *imm*uable, *imm*obile, *imm*onde, *imm*unité, *anni*hiler, *annu*aire, *Cinn*a, *inn*avigable, *inn*é, *inn*ovateur, *inn*omé, *Bacc*hus, *acc*ident, *adduc*teur, *adduc*tion, *su*ggérer, *su*ggestion, *A*ggée, *gi*bbeux, *gi*bbon, *a*ppétence, etc.

## DES PAUSES.

Les pauses sont les intervalles plus ou moins longs que l'on doit observer dans la lecture, afin de faire ressortir convenablement les sens partiels des divisions et sous-divisions d'un discours.

Comme les marques qui indiquent les sens partiels du discours déterminent aussi les repos que l'on doit exécuter dans la lecture; je vais essayer d'assigner, à ces marques, l'espace de temps que l'on doit mettre à leur rencontre dans une lecture à haute voix, eu égard à la construction des phrases, car les caractères usuels de notre ponctuation désignent des pauses inégales en durée, suivant le sens des divers membres d'une période.

La pause est une suspension de la voix que l'on opère, soit en parlant, soit en lisant, pour faciliter la respiration, et pour marquer les rapports qui existent entre les mots et les divisions qui les séparent.

Le repos le plus court n'a que la valeur d'un temps et le plus long celle de huit.

La durée du repos le plus faible est le temps que l'on met à prononcer une voyelle simple, comme : *a*.

La durée du repos le plus long est le temps nécessaire pour prononcer huit voyelles, comme : *a, e, i, o, u, eu, ou, an.*

Les signes qui marquent dans les livres la durée des repos, sont les mêmes que ceux qui indiquent les sens partiels et les sens complets dans une période. Ces signes, sont : la virgule (,), le point virgule (;), les deux points (:), le point ( . ), le point d'interrogation (?), le point d'exclamation ou d'admiration (!) les points suspensifs (......) et le tiret (—).

### De la virgule.

La virgule marque : 1° le repos d'un temps, si elle sépare des sujets d'un même verbe, des adjectifs qualifiant le même nom, des verbes ayant le même sujet et des phrases courtes dont chacune a un sens déterminé; et, 2º, celui de deux temps, si les propositions ont quelque étendue dans les périodes.

**EXEMPLES**

*De la première règle:*

Le père, la mère, l'oncle, la tante et les enfants étaient malades.

Les hommes sont généralement faibles, timides, paresseux, légers, inconstant.

Vil atome qui croit, doute, dispute, rampe, s'élève, tombe et nie encore sa chute.

Il tonne, il neige, il grêle.

**EXEMPLES**

*De la seconde règle:*

Quel témoignage n'est-ce pas de la vérité, de voir que dans les temps où les histoires profanes n'ont à nous conter que des fables, ou tout au plus des faits confus ou à demi oubliés, l'écriture, c'est-à-dire, sans contestation, le plus ancien livre qui soit au monde, nous ramène par tant d'événements précis, et par la suite même des choses, à leurs véritables principes ; c'est-à-dire à Dieu qui a tout fait, et nous marque si distinctement la création de l'univers, celle de l'homme en particulier, le bonheur de son premier état, les causes de ses misères et de ses faiblesses, la corruption du monde et le déluge, l'origine des arts et celle des nations, la distribution des terres, enfin la propagation du genre humain et d'autres faits de même importance, dont les histoires humaines ne parlent qu'en confusion, et nous obligent à chercher ailleurs les sources certaines?

( BOSSUET ).

### Du point et virgule.

Le point et virgule indique un repos de trois temps.

EXEMPLES :

« A l'autel de Jupiter, dit le père de Mont-Faucon, on mettait des feuilles de hêtre ; à celui d'Apollon, de laurier ; à celui de Minerve, d'olivier ; à l'autel de Vénus, de myrthe ; à celui d'Hercule, de peuplier ; à celui de Bacchus, de lierre ; à celui de Pan, des feuilles de pin. »

« De votre enfant vous étiez éloignée ;
Le voilà qui revient ; ayez des jours contents ;
Vivez : je suis grandi, vous serez bien soignée ;
Nous sommes riches pour longtemps. »

( A. GUIRAUD ).

Socrate fut malheureux et vicieux dans l'âge où la physionomie prend ses principaux caractères, depuis l'enfance jusqu'à l'âge de dix-sept ans. Il était né pauvre ; son père voulut le contraindre d'apprendre le métier de sculpteur, malgré sa répugnance ; il fallut qu'un oracle s'opposât à la tyrannie paternelle. Socrate avoua, d'après le jugement d'un physionomiste, qu'il était sujet aux vices où le malheur jette ordinairement les hommes ; il se réforma à la fin lui-même, et rien n'était plus beau que ce philosophe quand il parlait de la divinité.

( BERNARDIN DE SAINT-PIERRE ).

## Des deux points.

Les deux points indiquent un repos de quatre temps.

EXEMPLES :

Levez-vous, Jérusalem, recevez la lumière : car votre lumière est venue et la gloire du Seigneur s'est levée sur vous.

Oui, les ténèbres couvriront la terre et une nuit sombre enveloppera les peuples : Mais le Seigneur se lèvera sur vous et l'on verra sa gloire éclater au milieu de vous.

Levez vos yeux, et regardez autour de vous : tous ceux que vous voyez assemblés ici, viennent pour vous : vos fils viendront de bien loin, et vos filles s'élèveront à vos côtés.

(ISAÏE).

Et vous qui du saint joug connaissez tout le prix,
C'est encore pour vous que ces vers sont écrits.
Celui que la Grandeur remplit de son ivresse,
Relit avec plaisir ses titres de noblesse :
Ainsi le vrai chrétien recueille avec ardeur
Les preuves de sa foi, titres de sa grandeur :
Doux trésor, qui d'une âme à ses biens attentive
Rend l'amour plus ardent, l'espérance plus vive.

(RACINE).

Il faut autant qu'on peut obliger tout le monde :
On a souvent besoin d'un plus petit que soi.

(LA FONTAINE).

## Du point.

Le point indique une pause égale au temps nécessaire pour prononcer les cinq voyelles *a, e, i, o, u.*

### EXEMPLES :

Un soldat huguenot, croyant qu'en faisant périr le brave Crillon, il abattrait en lui un des plus forts appuis des catholiques, se cacha dans un endroit d'où il pût exécuter son dessein, et lui tira un coup d'arquebuse qui, hereusement, ne lui fit qu'une légère blessure. Crillon furieux courut à l'assassin ; dans le temps qu'il était prêt à le percer, le soldat tomba à ses pieds, et lui demanda la vie. « Rends grâces à ma religion, lui dit Crillon, et rougis de n'en être pas. Va, je te donne la vie. Si la parole d'un sujet rebelle à son roi et infidèle à sa religion, pouvait être reçue, je te demanderais de me promettre de ne jamais combattre que pour le service de ton légitime souverain. » Le soldat, confondu et pénétré, jura une fidélité inviolable à son roi et à la religion catholique, dont il fit profession à l'instant même. Un acte héroïque de vertu fait plus d'impression sur les hérétiques, que tous les raisonnements qu'on pourrait employer pour combattre leurs erreurs, et le meilleur moyen de les détromper, c'est de les édifier.

(L'ABBÉ REYRE).

## Du point d'interrogation et du point d'exclamation.

Le point d'interrogation et celui d'exclamation désignent : 1° une pause égale à celle du point et virgule, quand ils sont placés après un membre de phrase ; 2° une pause égale à celle des deux points, lorsque ces signes sont placés à la suite de plusieurs phrases courtes, liées entre elles par le sens ou par des conjonctions ; et, 3°, enfin, une pause égale à celle du point, quand ces marques sont placées après une phrase complète.

### EXEMPLES

*De la première règle :*

Que vous importe ? lui dis-je.
Est-ce assez ? dites-moi.

Ah traître ! tu mourras.
Juste ciel ! qu'ai-je fait aujourd'hui ?

### EXEMPLES

*De la deuxième règle :*

Et prenez-vous, Seigneur, leurs caprices pour guides ?
Avez-vous prétendu qu'ils se tairaient toujours ?
Est-ce à vous de prêter l'oreille à leurs discours ?
De vos propres désirs perdrez-vous la mémoire ?
Et serez-vous le seul que vous n'oserez croire ?

Il est ressuscité ! le linceuil et la terre
Ne couvrent plus son front ! Ineffable mystère !
Du sépulcre désert le marbre est soulevé !
Il est ressuscité ! comme un guerrier fidèle,
Que le bruit du clairon à son poste rapelle,
Peuples, le Seigneur s'est levé !

(ANTONI DESCHAMPS).

## EXEMPLES

*De la troisième règle :*

Que sommes-nous, hélas ! nous fragiles humains,
Fantômes passagers, vains jouets des destins ?

Combien il est utile de passer par l'adversité pour arriver aux grandeurs !

Nota. Le point d'exclamation immédiatement placé après les interjection : ah ! ha ! oh ! ho ! eh ! hé ! indique un repos de deux temps :

Ah ! quel plaisir ! Oh ! ici, quelqu'un !
Ha ! vous voilà ! Ho ! que cela est beau !

### Des points suspensifs.

Les points suspensifs de réticences ou elliptiques marquent une pause de cinq temps, lorsqu'ils indiquent seulement la suppression de quelques mots et une pause de huit temps, lorsque la phrase exprime une passion profonde et véhémente, qui, dans le langage, ne peut être rendue dans toute sa vivacité, à cause du désordre de l'âme.

### EXEMPLES :

Après le malheur effroyable
Qui vient d'arriver à mes yeux,
Je croirai désormais, grands dieux !
Qu'il n'est rien d'incroyable.
J'ai vu.... sans mourir de douleur,
J'ai vu..... (siècles futurs, vous ne le pourrez croire) !

Ah! j'en frémis encore de dépit et d'horreur;
J'ai vu..... mon verre plein, et je n'ai pu le boire.

(SCARRON).

Votre envoyé paraît, s'écrie..... un peuple immense,
Proclamant avec lui votre auguste clémence,
Auprès de l'échafaud soudain s'est élancé.....
Mais il n'était plus temps..... les chants avaient cessé.

(RAYNOUARD).

Thyeste! tu verras Agamemnon puni;
Qu'Oreste même expire à ses destin uni?
Chère ombre, apaise-toi! calmez-vous, Euménides!
Vous avez au berceau proscrit les Pélopides:
Oreste n'est-il pas l'héritier de son rang?
Périssent lui, son fils, Electre, et tout son sang!.....:
Ils mourront sous ce fer, que l'éxécrable Atrée
Remit dès mon enfance à ma main égarée,
Lorsqu'un affreux serment, de ma bouche obtenu,
M'arma contre Thyeste, à moi-même inconnu.
Un Dieu seul me ravit à ce noir parricide.
O mon père!..... pourquoi ton spectre, errant, livide,
Assiége-t-il mes pas? il me parle, il me suit,
Sous ce même portique, au milieu de la nuit.

(LEMERCIER).

### Du trait de séparation ou tiret.

Le trait de séparation ou tiret qui sert à indiquer le changement d'interlocuteur, indique une pause de quatre temps, quel que soit le signe qui termine la phrase.

EXEMPLES:

Je le ferai bientôt. — Mais quand donc? — Dès de-

-main. — Eh ! mon ami, la mort peut te prendre en che-min.

Un nouvel Esculape, en cette extrémité.
Au malade aux abois assure la santé,
S'il veut prendre un sirop que dans sa main il porte.
Que coûte-t-il ? lui dit l'agonisant. — Qu'importe ? —
Qu'importe, dites-vous ? Je veux savoir combien, —
Peu d'argent, lui dit-il, — Mais encor ? — presque rien :
Quinze sous — Juste ciel : quel brigandage extrême !
On me tue, on me vole, et n'est-ce pas le même,
De mourir par la fièvre ou par la pauvreté ?

(REGNARD).

## De l'alinéa.

Tout point placé à la fin d'une période précé-dant un alinéa, désigne un repos de huit temps ; mais si le point qui précède l'alinéa ne termine qu'une phrase de peu d'étendue, la pause alors ne doit avoir qu'une durée de cinq temps.

NOTA. La durée des pauses que nous venons d'in-diquer pour la lecture à haute voix, d'après notre ponctuation, n'est point applicable au chant, ni à la déclamation.

# DE LA LECTURE.

### ORAISON DOMINICALE.

Notre Père, qui êtes aux cieux, que votre nom soit sanctifié ; que votre règne arrive ; que votre volonté soit faite en la terre comme au ciel ; donnez-nous aujourd'hui notre pain de chaque jour ; et pardonnez-nous nos offenses, comme nous pardonnons à ceux qui nous ont offensés, et ne nous laissez pas succomber à la tentation ; mais délivrez-nous du mal.

Ainsi soit-il.

### SALUTATION ANGÉLIQUE.

Je vous salue, Marie, pleine de grâce, le Seigneur est avec vous ; vous êtes bénie sur toutes les femmes, et Jésus, le fruit de vos entrailles, est béni.

Sainte Marie, mère de Dieu, priez pour nous, pauvres pécheurs, maintenant et à l'heure de notre mort.

Ainsi soit-il.

### SYMBOLE DES APOTRES.

Je crois en Dieu, le Père tout-puissant, créateur du ciel et de la terre, et en Jésus-Christ son fils unique, Notre-Seigneur, qui a été conçu du Saint-Esprit, est né de la Vierge Marie ; a souffert sous Ponce-Pilate, a été crucifié, est mort et a été enseveli, est descendu aux enfers, le troisième jour est ressuscité des morts, est monté aux cieux, est assis à la droite de Dieu le Père tout-puissant, de là, il viendra juger les vivants et les morts.

Je crois au Saint-Esprit, la Sainte Eglise catholique, la Communion des Saints, la Rémission des péchés, la Résurrection de la chair, la Vie éternelle.

Ainsi soit-il.

### MEMORARE.

Souvenez-vous, ô trés-pieuse Vierge Marie! qu'on n'a jamais ouï dire qu'aucun de ceux qui ont eu recours à votre protection, imploré votre secours et demandé votre suffrage, ait été abandonné. Plein d'une pareille confiance, je viens, ô Vierge des Vierges! me jeter entre vos bras, et, gémissant sous le poids de mes péchés, je me prosterne à vos pieds... O Mère du Verbe! ne dédaignez pas mes prières, mais écoutez-les favorablement et les exaucez.

O Marie conçue sans péché, priez pour nous qui avons recours à vous!

O cœur très-saint et immaculé de la bienheureuse Vierge Marie, refuge des pécheurs, priez pour nous!

(SAINT-BERNARD).

### LE CHIEN ET LE CHAT.

Pataud jouait avec Raton,
Mais sans gronder, sans mordre, en camarade, en frère :
Les chiens sont bonnes gens, mais les chats, nous dit-on,
Sont justement tout le contraire.
Aussi, bien qu'il jurât toujours
D'avoir fait patte de velours,
Raton, et ce n'est pas une histoire apocryphe,
Dans la peau d'un ami, comme fait maint plaisant,
Enfonçait, tout en s'amusant,

Tantôt la dent, tantôt la griffe.
Pareil jeu dut cesser bientôt.
Eh quoi ! pataud, tu fais la mine !
Ne suis-je pas ton bon ami ?
Prends un nom qui convienne à ton humeur maligne,
Raton, ne sois rien à demi.
J'aime mieux un franc ennemi,
Qu'un bon ami qui m'égratigne.

(ARNAUD).

### LES PETITS ORPHELINS.

L'hiver glace les champs, les beaux jours sont passés
Malheur au pauvre sans demeure !
Loin des secours il faut qu'il meure :
Comme les champs alors tous les cœurs sont glacés.
De l'an renouvelé c'était la nuit première ;
Les mortels revenant de la fête du jour,
Hâtaient leur joie et leur retour ;
Même un peu de bonheur visitait la chaumière.
Au seuil d'une chapelle, assis,
Deux enfants, presque nus, et pâles de souffrance,
Appelaient des passants la sourde indifférence,
Soupirant de tristes récits.
Une lampe à leurs pieds éclairait leurs alarmes,
Et semblait supplier pour eux.
Le plus jeune, tremblant ; chantait baigné de larmes,
L'autre tendait sa main au refus des heureux.
Nous voici deux enfants, nous n'avons plus de mère ;
Elle mourut hier en nous donnant son pain ;
Elle dort où dort notre père.
Venez, nous avons froid, nous expirons de faim.
L'étranger nous a dit : Allez, j'ai ma famille ;

Est-ce vous que je dois nourrir ?
Nous avons vu pleurer sa fille ,
Et pourtant nous allons mourir !
Et sa voix touchante et plaintive
Frappait les airs de cris perdus ;
La foule, sans les voir, s'échappait fugitive,
Et bientôt on ne passa plus.
Ils frappaient à la porte sainte,
Car leur mère avait dit que Dieu n'oubliait pas.
Rien ne leur répondait que l'écho de l'enceinte,
Rien ne venait que le trépas.
La lampe n'était pas éteinte,
L'heure, d'un triste accent, vint soupirer minuit,
Au loin, d'un char de fête, on entendit le bruit,
Mais on n'entendit plus de plainte.
Vers l'église portant ses pas,
Un prêtre, au jour naissant, allant à la prière,
Les voit blanchis de neige et couchés sur la pierre,
Les appelle en pleurant... Ils ne se lèvent pas.
Leur pauvre enfance, hélas ! se tenait embrassée
Pour conserver sans doute un reste de chaleur ;
Et le couple immobile, effrayant de pâleur,
Tendait encore sa main glacée.
Le plus grand, de son corps, couvrant l'autre à moitié,
Avait porté la main aux lèvres de son frère,
Comme pour arrêter l'inutile prière,
Comme pour l'avertir qu'il n'est plus de pitié.
Ils dorment pour toujours, et la lampe encore veille,
On les plaint : on sait mieux plaindre que secourir.
Vers eux de toute part les pleurs viennent s'offrir ;
Mais on ne venait pas la veille.

(BELMONTET).

13

## BELZUNCE.

Cité, console-toi : par le ciel envoyé,
Dans ton sein va descendre un ange de pitié;
Le cri de tes douleurs frappe au loin son oreille,
Et Belzunce revole aux remparts de Marseille.
On s'écrie : Arrêtez ! où portez-vous vos pas ?
Fuyez, fuyez la mort ! — Non, je ne fuirai pas.
Qu'une indigne frayeur lâchement me retienne !
Non, ce peuple est mon peuple, et ma vie est la sienne,
Ma place est là. J'y cours. Ce fléau destructeur
Doit, avec le troupeau, dévorer le pasteur.
En achevant ces mots, intrépide, il s'élance,
Et des murs consternés traverse le silence.
Pour son cœur paternel, ô tableau douloureux !
Un peuple de mourants, au teint hâve, à l'œil creux,
Fantômes animés, errant de place en place,
Pâles et frissonnant d'une sueur de glace,
Et soutenant à peine un corps défiguré
Que le brûlant ulcère a presque dévoré.

Belzunce ouvre aux douleurs un asile propice ;
Son palais se transforme en un pieux hospice.
Les lits nombreux du pauvre, alignés tristement,
Du vertueux séjour sont l'unique ornement.

Le prélat, revêtu d'une bure grossière,
Et le front tout souillé de cendre et de poussière,
D'un bras infatigable éloigne le trépas.
L'aumône, ouvrant les mains, vole devant ses pas.
Oh ! quels flots de bienfaits épanchés dans sa course !
De son or généreux il épuise la source,
D'un pied muet, il entre au fond des noirs réduits
Où veille la douleur dans la longueur des nuits,

Et présente au mourant, qu'un feu sacré consume,
Du breuvage ordonné la propice amertume;
Du mortel expirant, il recueille les vœux,
Les derniers repentirs et les derniers aveux,
Lui montre dans la mort le retour salutaire
D'un habitant des Cieux exilé sur la terre;
Et le guide, aux clartés de son divin flambeau,
Au séjour immortel qui commence au tombeau.

Sous l'aile du Seigneur, le prélat vénérable,
Dans le commun fléau demeure invulnérable;
Durant vingt nuits ses yeux ne se sont point fermés:
A la sombre lueur des fanaux enflammés,
Il veille, infatigable, et sa marche assidue
Parcourt de la cité la plaintive étendue...
..... Belzunce, en ces pieux instants,
Humble, et le cou pressé du nœud des pénitents,
Le pied nu, l'œil au ciel, à l'entour des murailles,
A voix basse entonnait l'hymne des funérailles,
Purifiant la terre où s'imprimaient ses pas.
Par sa seule présence il impose au trépas;
Et d'un peuple mourant apaisant la souffrance;
De la tombe entr'ouverte il trompe l'espérance.

(MILLEVOYE).

### RICHE OU PAUVRE.

Beaucoup disent : « Pourquoi y a-t-il des riches et des pauvres? les uns qui ont peu, les autres qui ont beaucoup; ceux-ci qui n'ont pas assez, ceux-là qui ont trop? »

Et je répondrai: Pourquoi? par ce qu'il est impossible que cela soit autrement.

« Parce que telle est la loi de la nature, qu'il ne dépend pas de nous de changer et parce que cela naît des événements, bons ou mauvais, dont nous ne sommes pas les maîtres, et que l'auteur souverain ordonne comme il lui plaît.

« Et parce que cela tient à nos qualités ou à nos défauts qui nous font riches ou pauvres, et qui font que nos enfants et les enfants de nos enfants sont riches ou pauvres. »

Il y avait deux hommes, ils étaient frères, ils étaient du même âge, ils avaient la même force, la même fortune, et partagèrent également l'héritage paternel.

Mais il arriva que l'un, actif, vigoureux, éveillé avant le jour, accrut sa fortune par son travail, et que ses domaines s'agrandirent, et qu'il eût des fermes et des troupeaux, et que ses enfants furent riches, et qu'ils habitaient des demeures somptueuses.

Et il arriva que l'autre s'endormit dans l'oisiveté, qu'il dissipa dans le vice l'héritage de ses pères, et qu'il fut dépouillé de tout ce qu'il avait et qu'il fut plongé dans la misère, et que ses enfants furent pauvres et habitèrent la demeure des pauvres.

Ainsi est la vie : l'un était pauvre qui s'enrichit; l'autre était riche qui s'appauvrit.

C'est un mouvement perpétuel de hausse et de baisse, et comme une grande échelle où l'on voit sans cesse, et depuis des siècles, les uns monter, les autres descendre; et ceux-là descendre qui étaient montés, et ceux-là monter qui étaient descendus.

Avec le temps tout se déplace, et dans le cours des années, et souvent dans un espace de temps bien court, les riches vont habiter où étaient les pauvres, et les pauvres où étaient les riches.  (DELAPALME).

## ODE SUR L'AVEUGLEMENT DES HOMMES

### DU SIÈCLE ( FRAGMENT ).

Qu'aux accents de ma voix la terre se réveille!
Rois, soyez attentifs ! peuples, ouvrez l'oreille !
Que l'univers se taise, et m'écoute parler!
Mes chants vont seconder les accords de ma lyre.
L'Esprit-Saint me pénètre, il m'échauffe et m'inspire
Les grandes vérités que je vais révéler!

L'homme en sa propre force à mis sa confiance.
Il vit de ses grandeurs èt de son opulence.
L'éclat de sa fortune enfle sa vanité ;
Mais, ô moment terrible ! ô jour épouvantable,
Où la mort saisira ce fortuné coupable,
Tout chargé des liens de son iniquité !

Que deviendront alors, répondez, grands du monde,
Que deviendront ces biens où votre espoir se fonde,
Et dont vous étalez l'orgueilleuse moisson ?
Sujets, amis, parents, tout deviendra stérile;
Et dans ce jour fatal l'homme à l'homme inutile,
Ne paiera point à Dieu le prix de sa rançon.

Vous avez vu tomber les plus illustres têtes,
Et vous pourriez encore, insensés que vous êtes,
Ignorer le tribut que l'on doit à la mort?
Non, non ; tout doit franchir ce terrible passage ;
Le riche et l'indigent, l'imprudent et le sage,
Sujets aux mêmes lois, subissent même sort.

D'avides étrangers, transportés d'allégresse,
Engloutissent déjà toute cette richesse,

Ces terres, ces palais, de vos noms anoblis ;
Et que vous reste-t'il en ces moments suprêmes ?
Un sépulcre funèbre, où vos noms, où vous mêmes,
    Dans l'éternelle nuit serez ensevelis.

Là, s'anéantiront ces titres magnifiques,
Ce pouvoir usurpé, ces ressorts politiques,
Dont le juste autrefois sentit le poids fatal.
Ce qui fit leur bonheur deviendra leur torture ;
Et Dieu de sa justice apaisant le murmure
Livrera ces méchants au pouvoir infernal.

Justes, ne craignez point le vain pouvoir des hommes,
Quelque élevés qu'ils soient, ils sont ce que nous sommes ;
Si vous êtes mortels, ils le sont comme vous.
Nous avons beau vanter nos grandeurs passagères,
Il faut mêler sa cendre aux cendres de ses pères,
Et c'est le même Dieu qui nous jugera tous.

(J.-B. ROUSSEAU)

## A MON HABIT.

Ah ! mon habit, que je vous remercie !
Que je valus hier, grâce à votre valeur !
Je me connais, et plus je m'apprécie,
Plus j'entrevois qu'il faut que mon tailleur,
    Par une secrète magie,
Ait caché, dans vos plis, un talisman vainqueur,
Capable de gagner et l'esprit et le cœur,
Dans ce cercle nombreux de bonne compagnie,
Quels honneurs je reçus ! quels égards ! quels accueils
Auprès de la maîtresse, et dans un grand fauteuil ;
Je ne vis que des yeux, toujours prêts à sourire,

J'eus le droit de parler, de parler sans rien dire.
      Cette femme à grands falbalas
      Me consulta sur l'air de son visage,
      Un blondin sur un mot d'usage,
      Un robin sur des opéras ;
    Ce que je décidai fut le *nec plus ultrà*.
    On applaudit à tout, j'avais tant de génie !
    Ah ! mon habit, que je vous remercie !
      C'est vous qui me valez cela.
  De compliments, bons pour une maîtresse,
      Un petit maître m'accabla,
    Et pour m'exprimer sa tendresse,
Dans ses propos guindés me dit tout *Angola*.
Ce marquis, autrefois mon ami de collége,
Me reconnut enfin, et du premier coup-d'œil ;
      Il m'accorda, par privilége,
Un tendre embrassement qu'approuvait son orgueil.
    Ce qu'une liaison, dès l'enfance établie,
  Ma probité, des mœurs que rien ne dérégla,
      N'eussent obtenu de ma vie,
      Votre aspect seul me l'attira.
    Ah ! mon habit, que je vous remercie !
      C'est vous qui me valez cela !
      Mais ma surprise fut extrême !
      Je m'aperçus que sur moi-même
      Le charme sans doute opérait.
      J'entrais jadis d'un air discret,
Ensuite, suspendu sur le bord de ma chaise,
J'écoutais en silence, et ne me permettais
      Le moindre *si*, le moindre *mais*.
Avec moi tout le monde était fort à son aise,
      Et moi je ne l'étais jamais.

Un rien aurait pu me confondre,
Un regard, tout m'était fatal,
Je ne parlais que pour répondre,
Je parlais bas, je parlais mal.
Un sot provincial arrivé par le coche
Eût été moins que moi tourmenté dans sa peau,
Je me mouchais presque au bord de ma poche,
J'éternuais dans mon chapeau.
On pouvait me priver sans aucune indécence
De ce salut, par l'usage introduit ;
Il n'en coûtait de révérences
Qu'à quelqu'un trompé par le bruit.
Mais à présent mon cher habit,
Tout est de mon ressort, les airs, la suffisance,
Et ces tons décidés qu'on prend pour de l'aisance,
Deviennent mes tons favoris.
Est-ce ma faute, à moi, puisqu'ils sont applaudis.

(SEDAINE).


## LA PRAIRIE.

Eh bien ! mes petits amis, qu'en dites-vous ? N'est-ce pas un endroit charmant ? Quel air de fraîcheur on y respire ! Comme l'herbe en est épaisse et verdoyante ! et de combien de jolies fleurs elle est émaillée !

Je n'ai pas besoin de vous dire quel est l'usage de cette herbe, qu'on appelle ordinairement gazon : vous avez vu si souvent les vaches, les chevaux et les brebis s'en repaître ! mais ils ne la mangent pas toute sur la prairie ; on leur réserve certains quartiers pour le pâturage, et on les éloigne des autres aussitôt que l'herbe commence à grandir. Elle n'atteint sa parfaite maturité qu'au mois de juin ; ce que l'on reconnaît par la couleur jaune qu'elle prend. Alors les faucheurs la coupent avec un instrument de fer recourbé qu'on nomme une faux ; ensuite viennent des faneurs qui la tournent et la retournent avec des fourches de bois, en l'étalant sur la terre pour la faire sécher au Soleil.

Elle prend alors le nom de foin. Dès que le foin a perdu toute son humidité, et qu'il n'y a plus de danger qu'il s'échauffe, on le ramasse avec des râteaux, et on l'emporte sur des charriots dans la cour de la ferme ; où il est entassé en grands monceaux qu'on appelle meules.

C'est de ces meules énormes que l'on tire le foin pour le lier en milliers de bottes, et le donner aux chevaux que l'on tient à l'écurie. Il sert aussi dans l'hiver à nourrir les troupeaux ; car alors il y a bien peu de gazon pour eux sur la terre, et encore moins lorsqu'elle est couverte de neige. Tout cela vient de petites graines qui ne sont pas plus grosses que des têtes d'épingles ; et les graines sont venues des fleurs que vous pouvez remarquer à présent à l'extrémité de la tige.

Dans une prairie, où l'on fauche le foin, il se détache toujours un grand nombre de graines, qui, l'année suivante, produisent le gazon ; mais, si l'on veut faire une prairie dans une pièce de terre neuve, il faut recueillir les graines pour les semer.

Ces jolies fleurs dont vous venez de faire un bouquet, Charlotte, viennent également de graines qui se trouvaient mêlées parmi celles du foin. Voilà des boutons d'or, des coquelicots et des marguerites de pré. Ces fleurs sont bonnes pour les troupeaux, et servent à donner un goût agréable au gazon. Il y en a même qui sont médicinales, c'est-à-dire, bonnes à composer des remèdes pour une infinité de maladies auxquelles nous sommes sujets.

Ne pensez-vous pas, Henri, que le gazon, dont la douce verdure embellit tant les campagnes, est en même temps une production bien utile? Je suis sûre que les pauvres troupeaux le diraient encore mieux que nous, s'ils étaient en état de parler. Ils n'ont pas de cuisinier pour préparer leurs repas ; ils ne peuvent pas même faire comprendre ce qui leur est nécessaire. Mais Dieu a su pourvoir à leurs besoins. Vous voyez que leur nourriture s'étend sous leurs pieds, et qu'ils n'ont qu'à se baisser pour la prendre. S'il en coûte à l'homme des soins légers pour la faire venir, c'est bien le moins qu'il donne quelques-uns de ces moments à ces utiles animaux, dont les uns lui épargnent tant de fatigues, et dont les autres le vêtissent de leur laine et le nourrissent de leur chair.

(BERQUIN).

### LE NID DE FAUVETTES.

Je le tiens, ce nid de fauvettes !
Ils sont deux, trois, quatre petits !
Depuis si longtemps, je vous guette,
Pauvres oiseaux, vous voilà pris !

Criez, sifflez, petits rebelles,
Débattez-vous; oh! c'est en vain:
Vous n'avez pas encore d'ailes,
Comment vous sauver de ma main?

Mais, quoi, n'entends-je point leur mère,
Qui pousse des cris douloureux?

Oui, je le vois; oui, c'est leur père
Qui vient voltiger auprès d'eux.

Ah! pourrais-je causer leur peine,
Moi, qui l'été, dans les vallons,
Venais m'endormir sous un chêne,
Au bruit de leurs douces chansons?

Hélas! si du sein de ma mère
Un méchant venait me ravir,
Je le sens bien, dans sa misère,
Elle n'aurait plus qu'à mourir.

Et je serais assez barbare
Pour vous arracher vos enfants!
Non, non, que rien ne vous sépare;
Non, les voici, je vous les rends.

Apprenez-leur dans le bocage
A voltiger auprès de vous :
Qu'ils écoutent votre ramage,
Pour former des sons aussi doux;

Et moi, dans la saison prochaine,
Je reviendrai dans les vallons,
Dormir quelquefois sous un chêne
Au bruit de leurs jeunes chansons.

(BERQUIN).

## L'AVEUGLE ET LE PARALYTIQUE.

Aidons-nous mutuellement,
La charge des malheurs en sera plus légère,

Le bien que l'ont fait à son frère
Pour le mal que l'on souffre est un soulagement,
Confucius l'a dit ; suivons tous sa doctrine ;
Pour la persuader aux peuples de la Chine,
Il leur contait le trait suivant :


Dans une ville de l'Asie
Il existait deux malheureux,
L'un perclus, l'autre aveugle, et pauvres tous les deux,
Ils demandaient au ciel de terminer leur vie :
Mais leurs cris étaient superflus,
Ils ne pouvaient mourir. Notre paralytique
Couché sur un grabat dans la place publique,
Souffrait sans être plaint ; il en souffrait bien plus.
L'aveugle, à qui tout pouvait nuire,
Etait sans guide, sans soutien,
Sans avoir même un pauvre chien
Pour l'aimer et pour le conduire.
Un certain jour il arriva
Que l'aveugle à tâtons, au détour d'une rue,
Près du malade se trouva ;
Il entendit ses cris ; son âme en fut émue.
Il n'est tels que les malheureux
Pour se plaindre les uns les autres.
J'ai mes maux, lui dit-il, et vous avez les vôtres :
Unissons-les, mon frère, ils seront moins affreux.
— Hélas ! dit le perclus, vous ignorez, mon frère,
Que je ne puis faire un seul pas,
Vous-même vous n'y voyez pas :
A quoi nous servirait d'unir notre misère ?
— A quoi ! répond l'aveugle ; écoutez : à nous deux,
Nous possédons le bien à chacun nécessaire.

J'ai des jambes, et vous des yeux :
Moi, je vais vous porter ; vous, vous serez mon guide :
Vos yeux dirigeront mes pas mal assurés ;
Mes jambes à leur tour, iront où vous voudrez.
Ainsi, sans que jamais notre amitié décide
Qui de nous deux remplit le plus utile emploi,
Je marcherai pour vous, vous y verrez pour moi.

(FLORIAN).

## LA MORT DU MÉCHANT.

Il y a un homme, qui languit sur son lit de douleur. Cet homme est seul : pas un ami qui veille à ses côtés ; pas une voix qui prie en sa faveur et qui dise : « O mon Dieu, faites que cette amertume s'éloigne de ses lèvres ! »

Personne qui frappe à sa porte, personne qui s'intéresse et qui demande : « Va-t-il mieux, va-t-il plus mal ?.. » C'est la solitude et le désert.... Cet homme, c'est le méchant abandonné, méprisé.... le méchant quand la vieillesse l'atteint, et que ses dernières heures approchent.

Alors, dans son abandon, il médite en lui-même, il considère le passé, et il réfléchit sur les années qui se sont écoulées.

Et il lui semble que toutes les mauvaises actions se dressent devant lui, terribles, menaçantes, impitoyables.

Et il lui semble que tous ses vices se réveillent, et qu'ils sont là, hideux, repoussants, levant la tête comme du milieu de la boue,

Et que de toutes parts il s'élève contre lui des voix

fortes et dures, des voix retentissantes comme la trompette, et qui lui disent :

« Tu as été méchant et vicieux ; tu as fait le mal pour tes vaines joies, tu as fait le mal pour t'enrichir, tu as fait le mal pour la satisfaction de tes passions et de tes caprices.

« Eh bien, que tout le mal que tu as fait retombe sur toi, et qu'en ce jour, jour de justice et de châtiment, toutes ces joies se changent en poison..., »

Et à cette pensée, à ces paroles retentissantes, il est épouvanté : il repousse la mort qui s'avance, et qui s'avance sans que rien ne l'arrête ; et il lui semble qu'il est sur le bord d'un abîme, qu'il va y être précipité, et qu'au fond de cet abîme sont des flammes dévorantes....

Tel est le méchant, le méchant seul, abandonné, sans un ami qui le console, sans une parole douce qui se fasse entendre et qui le fortifie.

Et quand son dernier souffle est exhalé, quand on porte à la terre sa froide dépouille, on entend des voix qui disent :

« Voilà le corps de celui qui fut insensible aux maux des autres, qui fut mauvais fils, mauvais ami, mauvais père ;

« De celui qui manqua à la foi promise, et qui fuyait la société des bons, et qui vivait avec les méchants dans le vice et la débauche.

« Voilà qu'on porte à la terre ce corps pétri de boue : que Dieu ait pitié de lui car la justice divine commence.

« Et quand le ministre de Dieu prononce les prières

dans le temple, on entend ces paroles qui glacent d'effroi :
« *Car il faut que nous comparaissions tous devant le
tribunal de Dieu, afin que chacun reçoive ce qui est dû
aux bonnes et aux mauvaises actions qu'il aura faites
pendant qu'il était revêtu de son corps.* »

(DELAPALME).

## LES MENTEURS.

Il y avait un homme qui mentait pour se faire croire
plus riche qu'il ne l'était.

Mais quelqu'un lui dit : « Mon ami, je ne vois pas ce
qui vous revient de vos mensonges, car cela ne vous met
pas un écu dans la poche....

Les paroles ne rapportent pas d'argent, et votre cui-
sine n'en est pas plus grasse. »

Il y en avait un autre qui mentait pour se donner des
talents et du mérite qu'il n'avait pas.

Mais quelqu'un lui dit : Ce ne sont pas les discours
qui font qu'un homme est habile, et vos paroles ne vous
changent pas. On peut bien peindre en blanc le visage
d'un nègre, mais cela n'empêche pas qu'il ne soit noir.
Les hommes ne s'y trompent pas, voyez-vous ; ils recon-
naissent le masque : on sait bien que les frelons ne font
pas de miel, bien qu'ils fassent, en bourdonnant, plus
de bruit que les abeilles.... »

Il y avait un autre homme qui mentait pour tromper
et pour gagner dans les marchés qu'il faisait,

Mais on lui dit : « Retire-toi, méchant, d'au milieu
de nous : l'argent gagné par un mensonge, c'est de l'ar-

gent volé... Tu me prends mon argent avec des paroles, le voleur me le prend avec ses mains; quelle différence y a-t-il entre vous? Vous ne vous servez pas du même instrument, voilà tout; le cœur est le même...»

Je dirai donc la vérité toujours et dans toutes les occasions.

Je la dirai, fut-ce contre moi, et quand elle devrait me nuire.

Je la dirai à mes amis, à mes ennemis, à tous.

L'honnête homme ne prend pas de masque, il montre son visage à découvert.

J'aime mieux qu'on me blâme d'un défaut que j'ai, que de m'entendre louer d'une vertu que je n'ai pas.

L'honnête homme rougit quand on le loue d'un mérite qu'il n'a pas, et il dit : « La louange que vous me donnez appartient à d'autres,

« Je ne veux pas m'enrichir de l'argent qui n'est pas à moi ; je ne veux pas me glorifier d'une louange qui ne m'appartient pas. »

(DELAPALME).

### LE DANSEUR DE CORDE ET LE BALANCIER.

Sur la corde tendue un jeune voltigeur
Apprenait à danser ; et déjà son adresse,
   Ses tours de force, de souplesse,
   Faisaient venir maint spectateur.
Sur son étroit chemin on le voit qui s'avance,
Le balancier en main, l'air libre, le corps droit,

Hardi, léger autant qu'adroit;
Il s'élève, descend, va, vient, plus haut s'élance,
Retombe, remonte en cadence,
Et, semblable à certains oiseaux,
Qui rasent en volant la surface des eaux,
Son pied touche, sans qu'on le voie,
A la corde qui plie, et dans l'air le renvoie.
Notre jeune danseur, tout fier de son talent,
Dit un jour : « A quoi bon ce balancier pesant
Qui me fatigue et m'embarrasse?
Si je dansais sans lui j'aurais bien plus de grâce,
De force et de légèreté. »
Aussitôt fait que dit. Le balancier jeté,
Notre étourdi chancelle, étend les bras et tombe.
Il se casse le nez et tout le monde en rit.

Jeunes gens, jeunes gens ne vous a-t-on pas dit
Que sans règle et sans frein, tôt ou tard on succombe?
La vertu, la raison, les lois, l'autorité,
Dans vos désirs fougueux vous causent quelque peine;
C'est le balancier qui vous gêne,
Mais qui fait votre sûreté.

(FLORIAN)

## FRAGMENT

### EXTRAIT DU POÈME DE LUCRÈCE.

O vous qui dédaignez un chimérique honneur,
Hommes justes, quel bien vous donna le bonheur ?
Un sort obscur et doux, la paix et l'innocence....
Qui borne ses désirs ne craint pas l'indigence.
Mais de la soif de l'or, sans cesse dévoré,
L'homme d'un vain éclat veut marcher entouré,

Il consume ardemment une pénible vie,
Et traîne sur ses pas l'inexorable envie.
Du sort qui lui sourit le retour est affreux.
Arrête, téméraire, et tremble d'être heureux ! . . .
Dans le chemin étroit de l'aveugle fortune,
S'élance à flots pressés une foule importune ;
Elle affronte des cours l'inévitable écueil,
Et l'opprobre éternel expie un jour d'orgueil.
Le sage, dédaignant le sceptre et l'opulence,
Sait régner sur lui-même et jouir en silence.....
Ah ! sans redouter même un châtiment affreux,
L'homme injuste, dis-moi, fut-il jamais heureux ?
Pour lui plus de repos, quand sa haine impunie
Du doux concert des lois a troublé l'harmonie ;
Et dussent ses forfaits, cachés à tous les yeux,
N'attirer le courroux des hommes ni des Dieux,
Isolé sur la terre, en proie à ses alarmes,
Du remords sur son cœur il sent tomber les larmes ;
Souvent lui-même, en songe, est son accusateur....
Et le crime jamais n'épargna son auteur.

( PONGERVILLE ).

## LA COLONNE.

Ah ! s'ils ont repoussé la relique immortelle,
C'est qu'ils en sont jaloux, qu'ils tremblent devant elle !
   Qu'ils en sont tout pâlis !
C'est qu'ils ont peur d'avoir l'Empereur sur leur tête,
Et de voir s'éclipser leurs lampions de fête
   Au soleil d'Austerlitz !

Pourtant c'eût été beau, lorsque, sous la colonne
On eût senti présents dans notre Babylonne

                Ces ossements vainqueurs !
Qui pourrait dire, au jour d'une guerre civile,
Ce qu'une si grande ombre, hôtesse de la ville,
                Eût mis dans tous les cœurs !

Si jamais l'étranger, ô cité souveraine !
Eût ramené brouter les chevaux de l'Ukraine
                Sur ton sol bien-aimé ,
Enfantant des soldats dans ton enceinte émue,
Sans doute qu'à travers ton pavé qui remue
                Ces os eussent germé !

Et toi colonne ! un jour, descendu sous ta base,
Le pèlerin pensif, contemplant en extase
                Ces débris surhumain,
Serait venu peser, à genoux sur la pierre,
Ce qu'un *Napoléon* peut laisser de poussière
                Dans le creux de la main !

O merveille ! ô néant ! Tenir cette dépouille,
Compter et mesurer ces os que de sa rouille
                Rongea le flot marin ;
Ce genou qui jamais n'a ployé sous la crainte,
Le pouce de géant dont tu portes l'empreinte
                Partout sur ton airain.

Contempler le bras fort, la poitrine féconde,
Le talon qui douze ans éperonna le monde,
                Et d'un œil filial,
L'orbite du regard qui fascinait la foule ;
Ce front prodigieux, ce crane fait au moule
                Du globe impérial !

Et croire entendre en haut, dans tes noires entrailles,
Sortir du cliquetis des confuses batailles,

Des bouches du canon,
Des chevaux hennissants, des villes crénelées,
Des clairons, des tambours, du souffle des mêlées,
Ce bruit: *Napoléon*.

Rhéteurs, embarrassés dans votre toge neuve,
Vous n'avez pas voulu consoler cette veuve
Vénérable aux partis !
Tout en vous partageant l'empire d'Alexandre,
Vous avez peur d'une ombre, et peur d'un peu de cendre ;
Oh ! vous êtes petits !

Hélas ! hélas ! garde ta tombe !
Garde ton rocher écumant
Où, t'abattant comme la bombe,
Tu vins tomber, tiède et fumant !
Garde ton âpre Sainte-Hélène,
Où de ta forme hautaine
L'œil ébloui voit le revers ;
Garde l'ombre où tu te recueilles,
Ton saule sacré dont les feuilles
S'éparpillent dans l'univers !

Là, du moins, tu dors sans outrage
Souvent tu t'y sens réveillé
Par les pleurs d'amour et de rage
D'un soldat rouge agenouillé !
Là, si parfois tu te relèves,
Tu peux voir, du haut de ces grèves,
Sur le globe azuré des eaux,
Courir vers ton roc solitaire,
Comme au vrai centre de la terre,
Toutes les voiles des vaisseaux !

Dors, nous t'irons chercher ! ce jour viendra peut-être !
Car nous t'avons pour Dieu, sans t'avoir eu pour maître !
Car notre œil s'est mouillé de ton destin fatal.
Et, sous les trois couleurs comme sous l'oriflamme,
Nous ne nous pendons pas à cette corde infâme
      Qui t'arrache à ton piédestal !

Oh ! va, nous te ferons de belles funérailles !
Nous aurons bien aussi peut-être nos batailles ;
Nous en ombragerons ton cercueil respecté !
Nous y convirons tout, Europe, Afrique, Asie !
Et nous t'amènerons la jeune poésie
      Chantant la jeune liberté.

(V. HUGO).

## LA TERRE.

Qui est-ce qui a suspendu ce globe de la terre, qui est immobile ? Qui est-ce qui en a posé les fondements ? Rien n'est, ce semble plus vil qu'elle, les plus malheureux la foulent aux pieds. Mais c'est pourtant pour la posséder qu'on donne tous les plus grands trésors. Si elle était plus dure, l'homme ne pourrait en ouvrir le sein pour la cultiver ; si elle était moins dure, elle ne pourrait le porter ; il enfoncerait partout, comme il enfonce dans le sable ou dans un bourbier. C'est du sein inépuisable de la terre que sort tout ce qu'il y a de plus précieux. Cette masse informe, vile et grossière, prend toutes les formes les plus diverses, et elle seule devient tour à tour tous les biens que nous lui demandons. Cette boue si sale se transforme en mille beaux objets qui charment les yeux ; en une seule année, elle devient branches, boutons, feuilles, fleurs, fruits et semences pour renouveler ses libéralités en faveur des hommes. Rien ne l'épuise : plus on déchire ses entrailles, plus elle est libérale. Après tant de siècles, pendant lesquels tout est sorti d'elle, elle n'est point encore usée : Elle ne ressent aucune vieillesse, ses entrailles sont encore pleines des mêmes trésors. Mille générations ont passé dans son sein. Tout vieillit, excepté elle seule ; elle se rajeunit chaque année au printemps. Elle ne manque jamais aux hommes ; mais les hommes insensés se manquent à eux-mêmes, en négligeant de la cultiver ; c'est par leur paresse et par leurs désordres qu'ils laissent croître les ronces et les épines en la place des vendanges et des moissons. Ils se disputent un bien qu'ils laissent perdre. Les conquérants laissent en friche la terre pour la possession de laquelle ils ont fait périr tant de milliers d'hommes et ont passé leur vie dans une si terrible agitation. Les hommes ont devant eux des terres immenses qui sont vides et incultes, et ils renversent le genre humain pour un coin de cette terre si négligée.

La terre si elle était bien cultivée, nourrirait cent fois plus d'hommes qu'elle n'en nourrit. L'inégalité même des terroirs qui paraît d'abord un défaut, se tourne en ornement et en utilité.

Les montagnes se sont élevées et les vallons sont descendus en la place que le Seigneur leur a marquée. Ces diverses terres, suivant les divers aspects du soleil, ont leurs avantages. Dans ces profondes vallées on voit croître l'herbe fraîche pour nourrir les troupeaux ; auprès d'elles s'ouvrent de vastes campagnes, revêtues de riches moissons. Ici des coteaux s'élèvent comme en amphithéâtre, et sont couronnés de vignobles et d'arbres fruitiers ; Là, de hautes montagnes vont porter leur front glacé jusque dans les nues, et les torrents qui en tombent sont les sources des rivières.

Les rochers qui montrent leur cime escarpée, soutiennent la terre des montagnes, comme les os du corps humain en soutiennent les chairs.

Cette variété fait le charme des paysages et en même temps elle satisfait aux divers besoins des peuples.

(FÉNELON).

### DESCARTES A UN DE SES AMIS.

Quoique je me sois retiré assez loin du monde, la triste nouvelle de votre affliction n'a pas laissé de parvenir jusqu'à moi. Je ne suis pas de ceux qui estiment que les larmes et la tristesse n'appartiennent qu'aux femmes, et que, pour paraître homme de cœur, on doive s'efforcer de montrer toujours un visage tranquille. J'ai senti depuis peu la perte de deux personnes qui m'étaient très-proches, et j'ai éprouvé que ceux qui voulaient me défendre la tristesse l'irritaient, au lieu que j'étais soulagé par la complaisance de ceux que je voyais touchés de mon déplaisir. Mais il doit néanmoins y avoir quelque mesure ; et, comme ce serait être barbare que de ne se point affliger de tout l'orsqu'on en a sujet, aussi serait-ce faire mal son compte que de ne travailler pas, de tout son pouvoir, à se délivrer d'une passion si incommode.

Il est vrai que les esprits faibles et vulgaires, sans savoir eux-mêmes ce qu'ils s'imaginent que Dieu est comme obligé de faire pour l'amour d'eux tout ce qu'ils veulent, mais une âme forte et généreuse, comme la vôtre, sachant la condition de notre nature, se soumet toujours à la nécessité de sa loi. Maintenant que votre deuil ne pouvant plus être utile, ne saurait être accompagné de cette joie et satisfaction intérieure qui suit les actions vertueuses et fait que les anges se trouvent heureux en toutes les rencontres de la fortune, si je pensais que votre raison ne le pût vaincre, j'irais importunément vous trouver et je tâcherais par toute sorte de moyens de vous distraire, parce que je ne sache point d'autre remède pour un tel mal.

Quant à l'intérêt de la personne que vous regrettez, ni la raison ni la religion ne font craindre du mal, après cette vie, à ceux qui ont vécu en gens d'honneur, mais au contraire l'une et l'autre leur promet des joies et des récompenses. Je sais bien que je ne vous apprends ici rien de nouveau : mais on ne doit pas mépriser les bons remèdes, parce qu'ils sont vulgaires, et m'étant servi de celui-ci avec fruit, j'ai cru être obligé de vous l'écrire.

(DESCARTES).

## L'AVARE.

**HARPAGON** (*l'avare*).

Allons, venez çà tous ; que je vous distribue mes ordres pour tantôt, et règle à chacun son emploi. Approchez, dame Claude ; commençons par vous. Bon, vous voilà les armes à la main. Je vous commets au soin de nettoyer partout ; et surtout prenez garde de ne point frotter les meubles trop fort, de peur de les user. Outre cela, je vous constitue, pendant le souper, au gouvernement des bouteilles ; et, s'il s'en écarte quelqu'une, et qu'il se casse quelque chose, je m'en prendrai à vous et le rabattrai sur vos gages.

**MAITRE JAQUES** (*domestique*). (à part).

Châtiment politique.

**HARPAGON.**

Vous, Brindavoine, et vous, La Merluche, je vous établis dans la charge de rincer les verres et de donner à boire, mais seulement lorsqu'on aura soif, et non pas selon la coutume de certains impertinents de laquais, qui viennent provoquer les gens et les faire aviser de boire lorsqu'on n'y songe pas. Attendez qu'on vous en demande plus d'une fois, et vous ressouvenez de porter toujours beaucoup d'eau.

**MAITRE JACQUES** (à part).

Oui. Le vin pur monte à la tête.

**LA MERLUCHE.**

Quitterons-nous nos souquenilles, Monsieur ?

**HARPAGON.**

Oui, quand vous verrez venir les personnes; et gardez bien de gâter vos habits.

**BRINDAVOINE.**

Vous savez bien, Monsieur, qu'un des devants de mon pourpoint est couvert d'une grande tâche de l'huile de la lampe.

**LA MERLUCHE.**

Et moi, Monsieur, que j'ai mon haut-de-chausses tout troué.

**HARPAGON,** à *Brindavoine.*

Tenez toujours votre chapeau ainsi lorsque vous servirez.

**HARPAGON.**

Valère, aide-moi à ceci. Or çà ! maître Jacques, je vous ai gardé pour le dernier.

MAITRE JACQUES.

Est-ce à votre cocher, Monsieur, ou bien à votre cuisinier, que vous voulez parler? car je suis l'un et l'autre.

HARPAGON.

C'est à tous les deux.

MAITRE JACQUES.

Mais à qui des deux le premier?

HARPAGON.

Au cuisinier.

MAITRE JACQUES.

Attendez donc, s'il vous plait.

*(Maitre Jacque ôte sa casaques de cocher et parait vêtu en cuisinier).*

HARPAGON.

Quelle diantre de cérémonie est-ce là?

MAITRE JACQUES.

Vous n'avez qu'à parler.

HARPAGON.

Je me suis engagé, maître Jacques, à donner ce soir à souper.

MAITRE JACQUES (à part).

Grande merveille!

HARPAGON.

Dis-moi un peu : Nous feras-tu bonne chère?

MAITRE JACQUES.

Oui, si vous me donnez bien de l'argent.

HARPAGON.

Que diable, toujours de l'argent! Il semble qu'ils n'aient rien autre chose à dire : de l'argent, de l'argent, de l'argent. Ah! ils n'ont que ce mot-là à la bouche, de l'ar-

gent ! toujours parler d'argent ! Voilà leur épée de chevet,
de l'argent !

VALÈRE.

Je n'ai jamais vu de réponse plus impertinente que
celle-là. Voilà une belle merveille de faire bonne chère
avec bien de l'argent ! C'est une chose la plus aisée du
monde, et il n'y a si pauvre esprit qui n'en fit bien autant ; mais, pour agir en habile homme, il faut parler de
faire bonne chère avec peu d'argent.

MAITRE JACQUES.

Bonne chère avec peu d'argent !

VALÈRE.

Oui

MAITRE JACQUES, à Valère.

Par ma foi, Monsieur l'intendant, vous nous obligerez
de nous faire voir ce secret, et de prendre mon office
de cuisinier ! aussi bien vous mêlez-vous céans d'être fac-
totum.

HARPAGON.

Taisez-vous. Qu'est-ce qu'il nous faudra ?

MAITRE JACQUES.

Voilà, Monsieur, votre intendant, qui vous fera bonne
chère pour peu d'argent.

HARPAGON.

Haye ! je veux que tu me répondes,

MAITRE JACQUES.

Combien serez-vous de gens à table?

HARPAGON.

Nous serons huit ou dix, mais il ne faut prendre que
huit. Quand il y a à manger pour huit, il y en a bien
pour dix.

VALÈRE.

Cela s'entend.

MAITRE JACQUES.

Eh bien ! il faudra quatre grands potages et cinq assiettes..... potages..... entrées.....

HARPAGON.

Que diable ! Voilà pour traiter toute une ville entière !

MAITRE JACQUES.

Rôt....

HARPAGON, *mettant la main sur la bouche de maître Jacques.*

Ah ! traître, tu manges tout mon bien.

MAITRE JACQUES.

Entremets.....

HARPAGON, *mettant encore la main sur la bouche de maître Jacques.*

Encore ?

VALÈRE, *à maître Jacques.*

Est-ce que vous avez envie de faire crever tout le monde ? Et Monsieur a-t-il invité des gens pour les assassiner à force de mangeaille ? Allez-vous en lire un peu les préceptes de la santé, et demander aux médecins s'il y a rien de plus préjudiciable à l'homme que de manger avec excès.

HARPAGON.

Il a raison.

VALÈRE.

Apprenez, maître Jacques, vous et vos pareils, que c'est un coupe gorge, qu'une table remplie de trop de viandes, que, pour se bien montrer ami de ceux que l'on invite, il faut que la frugalité règne dans les repas qu'on donne, et que, suivant le dire d'un ancien : *Il faut manger pour vivre et non pas vivre pour manger.*

**HARPAGON.**

Ah! que cela est bien dit ! approche que je t'embrasse pour ce mot. Voilà la plus belle sentence que j'aie entendue de ma vie : *Il faut vivre pour manger, et non pas manger pour vi…..* Non, ce n'est pas cela. Comment est-ce que tu dis ?

**VALÈRE.**

*Qu'il faut manger pour vivre et non pas vivre pour manger.*

**HARPAGON,** *à maître Jacques.*

Oui. Entends-tu ? (*à Valère*) qui est le grand homme qui a dit cela ?

**VALÈRE.**

Je ne me souviens pas maintenant de son nom.

**HARPAGON.**

Souviens-toi de m'écrire ces mots : Je veux les faire graver en lettres d'or sur la cheminée de ma salle.

**VALÈRE.**

Je n'y manquerai pas. Et pour votre souper, vous n'avez qu'à me laisser faire. Je réglerai tout cela comme il faut.

**HARPAGON.**

Fais donc.

**MAITRE JACQUES.**

Tant mieux ! J'en aurai moins de peine.

**HARPAGON,** *à Valère.*

Il faudra de ces choses dont on ne mange guère, et qui rassasient d'abord, quelque bon haricot bien gras, avec quelque pâté en pot, bien garni de marrons.

**VALÈRE.**

Reposez-vous sur moi.

**HARPAGON**

Maintenant, maître Jacques, il faut nettoyer mon carrosse.

**MAITRE JACQUES.**

Attendez ; ceci s'adresse au cocher.

(*Maître Jacques remet sa casaque*).

Vous dites ?....

**HARPAGON.**

Qu'il faut nettoyer mon carosse et tenir mes chevaux tout prêts pour conduire à la foire....

**MAITRE JACQUES.**

Vos chevaux, Monsieur ? Ma foi, ils ne sont point du tout en état de marcher, Je ne vous dirai point qu'ils sont sur la litière : les pauvres bêtes n'en on point, et ce serait mal parler ; mais vous leur faites observer des jeûnes si austères, que ce ne sont plus rien que des idées ou des fantômes, des façons de chevaux.

**HARPAGON.**

Les voilà bien malades ! ils ne font rien.

**MAITRE JACQUES.**

Et pour ne faire rien, Monsieur, est-ce qu'il ne faut rien manger ? il leur vaudrait bien mieux, les pauvres animaux, de travailler beaucoup, de manger de même. Cela me fend le cœur de les voir aussi exténués. Car. enfin, j'ai une tendresse pour mes chevaux, qu'il me semble que c'est moi-même, quand je les vois pâtir. Je m'ôte, tous les jours, pour eux, les choses de la bouche ; et c'est être, Monsieur, d'un naturel trop dûr que de n'avoir nulle pitié de son prochain.

**HARPAGON.**

Le travail ne sera pas grand, d'aller jusqu'à la foire.

**MAITRE JACQUES.**

Non, je n'ai pas le courage de les mener, et je ferais conscience de leur donner des coups de fouet, en l'état où ils sont. Comment voudriez-vous qu'ils traînassent un carosse, qu'ils ne peuvent pas se traîner eux-mêmes.

**VALÈRE.**

Monsieur, j'obligerai le voisin Picard à se charger de les conduire; aussi bien nous fera-t-il ici besoin pour apprêter le souper.

**MAITRE JACQUES.**

Soit. J'aime mieux encore qu'ils meurent sous la main d'un autre, que sous la mienne.

(MOLIÈRE).


## ANECDOTE ITALIENNE.

Charles, duc de Calabre en Italie, rendait journellement la justice à Naples, assisté de ses ministres et de ses conseillers, qu'il assemblait dans son palais : Et, dans la crainte que les gardes ne fissent pas entrer les pauvres, il avait fait placer dans le tribunal même une sonnette, dont le cordon pendait hors la première enceinte. Un vieux cheval abandonné de son maître vient se gratter contre le mur, et fait sonner : « *Qu'on ouvre*, dit le Prince, *et faites entrer qui que ce soit.* » Ce n'est que le cheval du seigneur Capèce, dit le garde en rentrant; et toute l'assemblée d'éclater.

..... Vous riez, dit le Prince..... Sachez que l'exacte justice étend ses soins jusque sur les animaux..... Qu'on appelle Capèce.... Qu'est-ce qu'un cheval que vous laissez errer? lui demanda le duc. Ah! mon Prince, reprit le cavalier, ç'à été un fier animal dans son temps; il a fait vingt campagnes sous moi; Mais enfin il est hors de service, et je ne suis pas d'avis de le nourrir à pure perte..... Le roi mon père, vous a cependant bien récompensé. — Il est vrai j'en ai été comblé de bienfaits.— Et vous ne daignez pas nourrir ce généreux animal, qui eût tant de part à vos services! Allez de ce pas lui donner une place dans vos écuries; qu'il soit traité à l'égal de vos autres animaux domestiques, sans quoi, je ne vous tiens plus vous même comme loyal cavalier, et je vous retire mes bonnes grâces. »

### LES CRIMES PUNIS L'UN PAR L'AUTRE.

Trois hommes voyageaient ensemble; ils rencontrèrent un trésor, et ils le partagèrent; ils continuèrent leur route en s'entretenant de l'usage qu'ils feraient de leurs richesses. Les vivres qu'ils avaient portés étaient consommés; ils convinrent qu'un d'eux irait en chercher à la ville, et que le plus jeune se chargerait de cette commission : il partit.

Il se disait en chemin : Me voilà riche; mais je le serais bien d'avantage, si j'avais été seul quand le trésor s'est présenté; ces deux hommes m'ont enlevé mes richesses; ne pourrais-je pas les reprendre? Cela me serait facile; je n'aurais qu'à empoisonner les vivres que je vais acheter; à mon retour je dirai que j'ai dîné à la ville; mes compagnons mangeraient sans défiance et ils mourraient, je n'ai que le tiers du trésor, et j'aurais tout.

Cependant les deux autres voyageurs se disaient : Nous avions bien affaire que ce jeune homme vint s'associer avec nous! Nous avons été obligés de partager le trésor

avec lui ; sa part aurait augmenté les nôtres et nous se-
rions véritablement riches : Il va revenir ; nous avons de
bons poignards.....

Le jeune homme revint  avec des vivres empoisonnés ;
ses compagnons l'assassinèrent ; ils mangèrent, ils mou-
rurent et le trésor n'appartint à  personne.


### PLAINTES ET REPROCHES

#### DE MARIE STUART A ELIZABETH.

Par où commencerai-je ? et comment à ma bouche
Prêterai-je un discours qui vous plaise et vous touche?
Accorde-moi, mon Dieu, de ne point l'offenser !
Emousse tous les traits qui pourraient la blesser !
Toutefois, quand d'un mot mon destin peut dépendre,
Sans me plaindre de vous, je ne puis me défendre.
Oui, vous fûtes injuste et cruelle envers moi.
Seule sans défiance, en vous mettant, ma foi,
Comme une suppliante, enfin, j'étais venue
Et vous, entre vos mains vous m'avez retenue.
De tous les souverains blessant la majesté,
Malgré les saintes lois de l'hospitalité,
Malgré le droit des gens et la foi réclamée,
Dans les murs d'un cachot vous m'avez enfermée.
Dépouillée à la fois de toutes mes grandeurs,
Sans secours, sans amis, presque sans serviteurs
Au plus vil dénûment dans ma prison réduite,
Devant un tribunal, moi reine, on m'a conduite,
Enfin n'en parlons plus. Qu'en un profond oubli
Tout ce que j'ai souffert demeure enseveli.
Je veux en accuser la seule destinée

Contre moi, malgré vous, vous fûtes entraînée ;
Vous n'êtes pas coupable et je ne le suis pas,
Un esprit de l'abîme, envoyé sur nos pas,
A jeté dans nos cœurs cette haine funeste,
Et des hommes méchants ont achevé le reste.
La démence a du glaive armé contre vos jours
Ceux dont on n'avait point invoqué le secours.
Tel est le sort des rois : leur haine en maux féconde
Enfante la discorde et divise le monde.
J'ai tout dit. C'est à vous, ma sœur, de nous juger
Entre nous maintenant il n'est point d'étranger.
Nous nous voyons enfin, si j'ai pu vous déplaire,
Parlez ; dites mes torts ; je veux vous satisfaire....
Ah ! que ne m'avez-vous dès l'abord accordé
L'entretien par mes vœux si longtemps demandé !
Nous n'aurions pas, ma sœur, en ce jour déplorable.
Une telle entrevue et dans un lieu semblable.

(P. LEBRUN).

### AMOUR DE LA PATRIE.

Colbert aimait tendrement sa patrie. Un jour, à la maison de Sceaux, jetant un coup d'œil sur ces campagnes fleuries qui embellissent la France, on vit ses yeux se baigner de larmes. Interrogé sur leur motif par un de ses amis : « *Je voudrais*, répondit-il, *pouvoir rendre ce pays heureux et qu'éloigné de la cour, sans appui, sans crédit, l'herbe crût dans mes cours.* »

Qu'on aime à contempler les larmes d'un grand homme ! Qu'on aime à le voir se rapprocher de nous par la sensibilité, tandis qu'il s'en éloigne par la hauteur de son génie !

Le cardinal Mazarin savait fort bien ce que valait Colbert. Dans ce moment terrible où l'éternité, qui s'ouvre à nos yeux, étouffe nos passions et nous presse de donner un dernier instant à la justice et à la vérité, Mazarin adressa ces paroles à Louis XIV : « *Sire, je vous dois tout, mais je crois m'acquitter en vous donnant Colbert.* » Témoignage honorable et vérité touchante ! Le plus beau don, le seul qu'on puisse faire à un grand monarque, c'est un homme capable de connaître les devoirs du souverain, et digne d'en partager le fardeau.

### LE DANGER DE CRIER POUR RIEN.

M<sup>me</sup> *de Verteuil, Pauline, sa fille.*

M<sup>me</sup> DE VERTEUIL.

Qu'est-ce donc, Pauline ? Pourquoi pleurer si fort ?

PAULINE, *en sanglotant.*

O maman ! J'ai voulu prendre un verre d'eau sur la table, je me suis heurté le bras, et il m'est tombé de l'eau froide sur le cou.

M<sup>me</sup> DE VERTEUIL, *d'un ton ironique.*

Est-il bien possible ?

PAULINE.

Oui, maman je vous assure.

M<sup>me</sup> DE VERTEUIL.

Voilà un terrible malheur. En vérité, cela vaut bien

la peine de tant crier. N'as-tu pas honte d'être encore si enfant? Sais-tu d'ailleurs que tu peux te faire infiniment de tort en criant ainsi?

PAULINE

Eh, quel tort puis-je donc me faire, maman?

M<sup>me</sup> DE VERTEUIL.

Je vais te le dire. Lorsqu'un enfant pousse des cris, il est tout naturel de croire qu'il s'est fait beaucoup de mal, ou qu'il est dans quelque danger; alors on s'empresse de courir à son secours. Mais si tu prends l'habitude de crier sans sujet, et que l'on vienne à s'apercevoir que le plus souvent on prend une peine inutile à courir auprès de toi pour te secourir, on se dira à la fin:

Nous aurions de l'occupation toute la journée, si nous avions la bonté de courir toutes les fois que Pauline prend la fantaisie de crier. C'est pourquoi l'on ne viendra jamais à tes cris, parce que l'on pensera toujours que c'est pour une bagatelle que tu fais un pareil vacarme, et alors il faudra que tu restes sans secours.

PAULINE.

Mais, maman, si j'en avais réellement besoin?

M<sup>me</sup> DE VERTEUIL.

Et comment veux-tu qu'on le devine? Dix fois par jour, c'est pour rien que tu cries; comment veux-tu que la onzième fois on puisse justement savoir que c'est alors tout de bon, et que tu as vraiment besoin d'être secourue? Tu dois par conséquent, bien compter que l'on

ne fera plus la moindre attention à tes cris, aussi longtemps que tu garderas la mauvaise habitude de crier
pour une bagatelle. Il en est tout autrement de ton frère.
On sait fort bien qu'il ne crie jamais que lorsqu'il faut
qu'on aille absolument auprès de lui; et de cette manière, lorsqu'il crie, c'est une marque qu'il a véritablement besoin de secours. Mais pour toi, ma fille, on ne
doit point s'embarrasser de tes cris: on ne sait jamais
ce que cela signifie, si c'est pour une bagatelle, ou pour
quelque chose d'essentiel.

#### PAULINE.

Il est vrai, maman; vous m'en faites bien sentir la
raison.

#### M<sup>me</sup> DE VERTEUIL.

Veux-tu que je te raconte ce qui est arrivé une fois à
un petit garçon qui criait toujours pour rien, et qui faisait même encore pis que tu ne fais?

#### PAULINE.

Oh! voyons, je vous prie, maman.

#### M<sup>me</sup> DE VERTEUIL.

Ce petit étourdi se faisait un vilain plaisir de donner
aux autres des inquiétudes par ses plaintes. A la moindre aventure, il se mettait à pousser des cris perçans
comme s'il lui était arrivé du mal; et puis lorsqu'on ar-
rivait près de lui, on voyait que c'était pour une bagatelle à peu près comme ton verre d'eau. Il criait même
souvent sans aucun sujet, seulement pour donner des

alarmes aux domestiques, les faire accourir à ses côtés, et se moquer d'eux. Tantôt il courait précipitamment sur l'escalier, et faisait tout-à-coup avec les pieds un grand bruit, comme s'il fut tombé, et qu'il eût roulé du haut en bas, tandis qu'il n'avait fait que se coucher doucement à terre; tantôt il frappait un grand coup sur la table, après s'être barbouillé le visage de jus de cerises, pour avoir l'air de s'être fait un grand trou à la tête et d'être tout en sang. Dans le commencement, on ne manquait pas d'accourir aussitôt à ses cris; mais lorsqu'on y eut été trompé un certain nombre de fois, on le laissait taper des pieds, se rouler, pousser des cris autant qu'il le voulait, sans se déranger pour cela. Enfin un jour il arriva qu'il se mit en tête de grimper sur une échelle; l'échelon sur lequel il mettait le pied se rompit, en sorte qu'il tomba du haut en bas, et se disloqua entièrement une jambe; alors, comme tu le comprends bien, il se mit à crier de toutes ses forces, mais on n'y fit pas plus d'attention qu'à l'ordinaire, parce que l'on ne savait pas que cette fois-ci c'était sérieusement. Il fut donc obligé de rester à terre, parce que sa jambe étant démise, il ne pouvait pas se lever, et il souffrit des douleurs très-aiguës. Enfin, par hasard, il vint auprès de lui un domestique. Celui-ci vit tout de suite à sa mine que ce n'était pas pour rien qu'il criait cette fois. Il le prit aussitôt dans ses bras, le porta sur son lit, et alla lui chercher un chirurgien; mais comme il était resté longtemps sans secours, sa jambe s'était considérablement enflée, et il souffrit infiniment plus qu'il n'aurait souffert, si l'on était allé tout de suite à son secours. Il ne fut même plus possible de redresser sa jambe, en sorte qu'il resta estropié toute sa vie. Par ce malheur, il se déshabitua de sa mauvaise coutume, mais un peu trop tard, comme tu le vois.

PAULINE.

C'était payer un peu cher sa faute.

M<sup>me</sup> DE VERTEUIL.

Fais-y donc bien attention, Pauline, et profite de l'exemple de ce petit malheureux, avant qu'il t'en arrive autant qu'à lui. Je sais bien que tu ne crie pas pour nous inquiéter ou nous faire peur ; mais ton enfantillage aurait d'aussi mauvaises suites que sa tromperie. On ne peut pas plus savoir de toi que de lui, si tu cries pour une bagatelle, ou si c'est vraiment parce que tu as besoin de secours ; et par conséquent on te laisserait, ainsi que lui, sans assistance, comme on aurait été trompé plus d'une fois à tes cris, on y ferait aussi peu d'attention qu'au discours d'un enfant qui se serait accoutumé à mentir, et de la parole duquel on ne fait aucun cas, même lorsqu'il dit la vérité, parce que l'on ne peut plus savoir s'il l'a dite en effet. Apprends donc à souffrir patiemment, et sans crier, de petits accidents, pour que tu puisses toujours avoir du secours lorsque tu en auras véritablement besoin.

PAULINE.

Oui, maman, je vous remercie de votre histoire ; me voilà toute corrigée, et je ne crierai plus mal à propos.

(BERQUIN).

## LES CHEVAUX ARABES.

Ses juments, selon la noblesse de leur race, sont traitées avec plus ou moins d'honneur, Mais tojours avec une rigueur extrême. On ne met point les chevaux à l'ombre ; on les laisse exposés à toute l'ardeur du soleil , attachés en terre à des piquets par les quatre pieds , de manière à les rendre immobiles ; on ne leur ôte jamais la selle ; souvent ils ne boivent qu'une seule fois , et ne mangent qu'un peu d'orge en vingt-quatre heures. Un traitement si rude , loin de les faire dépérir , leur donne la sobriété, la patience et la vitesse. J'ai souvent admiré un cheval arabe ainsi enchaîné dans le sable brûlant , les crins descendant épars , la tête baissée entre ses jambes pour trouver un peu d'ombre , et laissant tomber de son œil sauvage un regard oblique sur son maître. Avez-vous dégagé ses pieds des entraves , vous êtes-vous élancé sur son dos, *il écume , il frémit , il dévore la terre , la trompette sonne, il dit : Allons !* et vous reconnaissez le cheval de Job.

(CHATEAUBRIAND).

## J. - J. ROUSSEAU

### A un jeune homme qui demandait à s'établir à Montmorency, pour y profiter de ses leçons.

Vous ignorez , Monsieur, que vous écrivez à un pauvre homme accablé de maux , et de plus, fort occupé , qui n'est guère en état de vous répondre, et qui le serait encore moins d'établir avec vous la société que vous lui proposez. Vous m'honorez en pensant que je pourrais vous y être utile , et vous êtes louable du motif qui vous le fait désirer ; mais sur le motif même, je ne vois rien de moins nécessaire que de vous établir à Montmorency : vous n'avez pas besoin d'aller chercher si loin les principes de la morale.

Rentrez dans votre cœur, et vous les y trouverez ; et je ne

pourrais rien vous dire, à ce sujet, que ne vous dise encore mieux votre conscience, quand vous la voudrez consulter. La vertu, Monsieur, n'est pas une science qui s'apprend avec tant d'appareil : pour être vertueux, il s'uffit de vouloir l'être ; et si vous avez bien cette volonté, tout est fait : votre bonheur est décidé.

S'il m'appartenait de vous donner des conseils, le premier que je voudrais vous donner serait de ne point vous livrer à ce goût que vous dites avoir pour la vie contemplative, et qui n'est qu'une paresse de l'âme, condamnable à tout âge, et surtout au vôtre. L'homme n'est point fait pour méditer, mais pour agir ; la vie laborieuse que Dieu nous impose n'a rien que de doux au cœur de l'homme de bien qui s'y livre en vue de remplir son devoir, et la vigueur de la jeunesse ne vous a pas été donnée pour la perdre à d'oisives contemplations.

Traivaillez donc, Monsieur, dans l'état où vous ont placé vos parents et la Providence : voilà le premier précepte de la vertu que vous voulez suivre ; et si le séjour de Paris, joint à l'emploi que vous remplissez, vous paraît d'un trop difficile alliage avec elle, faites mieux, Monsieur, retournez dans votre province ; allez vivre dans le sein de votre famille ; servez, soignez vos vertueux parents : c'est là que vous remplirez véritablement les soins que la vertu vous impose.

Une vie dure est plus facile à supporter en province que la fortune à poursuivre à Paris, surtout quand on sait, comme vous ne l'ignorez pas, que les plus indignes manéges y font plus de fripons gueux que de parvenus. Vous ne devez point vous estimer malheureux de vivre comme fait monsieur votre père ; et il n'y a point de sort que le travail, la vigilance, l'innocence et le contentement de soi ne rendent supportable, quand on s'y soumet en vue de remplir son devoir.

Voilà, Monsieur, des conseils qui valent tous ceux que vous pourriez venir prendre à Montmorency : peut-être ne seront-ils pas de votre goût, et je crains que vous ne preniez pas le parti de les suivre : mais je suis sûr que vous vous en repentirez un jour. Je vous souhaite un sort qui ne vous force jamais à vous en souvenir.

### MERVEILLES MÉDICALES.

Peu de maladies présentent des symptômes aussi extraordinaires que la catalepsie.

Elle a pour cause ordinaire des excès de travaux intellectuels, l'abus des liqueurs fermentées, ou quelque altération, quelque dérangement dans l'économie animale et particulièrement dans les organes du cerveau.

C'est à la catalepsie qu'il faut attribuer les enterrements trop nombreux de personnes qui n'étaient point mortes. Voici les détails d'un enterrement de ce genre, racontés par un anglais qni faillit en être la victime et que sauva le hasard le plus heureux. Laissons-le parler lui-même.

« Je fus quelque temps attaqué d'une fièvre nerveuse, mes forces diminuaient graduellement, mais le sentiment de la vie semblait être de plus en plus actif à mesure que mes facultés corporelles devenaient plus faibles. J'apercevais aux gestes du docteur qu'il désespérait de ma vie et la douleur muette, mais expressive de mes amis, me disait qu'il n'y avait plus pour moi d'espérance.

« Un soir arriva la crise ; je fus saisi d'un frisson

universel, d'un bourdonnement d'oreille étourdissant ; je
vis autour de ma couche un grand nombre de figures
étrangères ; elles étaient brillantes, vaporeuses et sans
corps. La chambre était éclairée et présentait un appareil solennel ; j'essayai de bouger, mais je ne pus le faire.

« Pendant quelques instants, une confusion terrible bou-
leversa mes esprits, et lorsque je revins de cet état, ce
fut avec tous mes souvenirs du passé, avec la plus parfaite intelligence, en un mot, avec tout ce qui appartient
à la vie, hors la faculté d'agir et de parler ; j'entendis
des gémissements près de mon oreiller et la voix de la
garde malade prononcer : *Il est mort !* Je ne puis décrire
ce que j'éprouvai à ces lugubres mots ; je voulus tenter
un dernier effort pour me mouvoir, je ne pus même remuer ma paupière. Après un court intervalle, mon ami
vint près de moi, agité par la douleur, le visage baigné
de larmes ; il porta sa main sur ma figure et me ferma
les yeux. Tout fut alors ténèbres ; mais je pouvais encore
entendre, sentir et souffrir.

« Après que mes yeux eurent été fermés, je compris
par les discours de mes gardiens que mon ami avait quitté
la chambre, et presque aussitôt je sentis les entrepre-
neurs des funérailles me parer de l'habillement mortuaire ;
leur froide indifférence m'était plus pénible que la douleur de mes amis. Ils me tournaient de tous côtés, riaient
entre eux et traitaient avec la plus révoltante brutalité
ce qu'ils appelaient le corps.

« Lorsque ces misérables eurent términé, ils se reti-
rèrent, et alors commença la formalité d'un deuil simulé.
Pendant trois jours, un grand nombre d'amis vinrent me
voir. Je les entendis s'entretenir , à voix basse , de
mes qualités, de mes défauts, et je sentis les doigts de

plusieurs d'entre eux se reposer sur mon visage; le troisième jour, on parla de l'odeur infecte répandue dans
l'appartement.

« Le cercueil fut construit; on m'y plaça; mon ami
posa sous ma tête ce qu'on appela mon dernier oreiller,
et je sentis ses larmes tomber sur ma figure.

« Lorsque toutes mes connaissances eurent, pendant
quelque temps, entouré le cercueil, je les entendis se re-
tirer. Les menuisiers vinrent poser et clouer la dernière
planche sur la bière. Ils étaient deux: l'un se retira avant
la fin de l'ouvrage; j'entendis son compagnon siffler en
tournant la vrille, s'interrompre, se taire et enfoncer le
dernier clou.

« Je fus laissé seul; tout le monde fuyait ma chambre.
Je savais cependant que je n'étais pas encore enterré:
quoique sans mouvement et dans les ténèbres. je conser-
vais encore quelque espérance; mais elle s'évanouit bientôt. Le jour de l'enterrement arriva. Je sentis soulever
et emporter le cercueil; je le sentis placer dans le corbillard; une foule de peuple entourait le char; quelques
personnes parlaient affectueusement de moi; le corbillard
commença à marcher. Je savais qu'on me conduisait au
cimetière. La voiture s'arrêta, et le cercueil fut enlevé:
par l'inégalité des mouvements, je m'aperçus qu'il était
porté sur les épaules de plusieurs hommes. On fit une
pause, j'entendis le froissement des cordes, on bougea
mon cercueil, et bientôt je le sentis balancer comme s'il
n'était plus suspendu que par des liens incertains; il fut
descendu et s'arrêta au fond de la fosse. Les cordes re-
tombèrent sur le cercueil; je les entendis. Je fis un effort
terrible pour remuer, mais tous mes membres demeurè-
rent immobiles.

« Bientôt après, quelques poignées de terre furent jetées sur le cercueil ; alors il se fit une autre pause. quelques minutes s'écoulèrent, et j'entendis le son de la pelle. La terre tombait sur moi, et le bruit de sa chute, plus effrayant que le fracas du tonnerre, me remplissait d'horreur ; mais je ne pouvais bouger. Le bruit diminua graduellement, et, par le retentissement sourd du son, je m'aperçus que la fosse était comblée ; il me sembla même que le fossoyeur marchait sur la terre et l'égalisait avec le dos de sa pelle. Cette opération s'acheva aussi, et alors tout rentra dans un profond silence.

« Je n'avais aucun moyen de connaître le temps que je passais ainsi ; le silence continuait. Voilà donc la mort, pensais-je, et je dois rester dans la terre jusqu'au jour de la résurrection. Mon corps va se corrompre, et les vers viendront se repaître de mes membres. Pendant que j'étais rempli de ces affreuses réflexions, j'entendis sur la terre, au-dessus de ma tête, un son sourd et prolongé ; je pensais que c'était les vers et les reptiles de la mort qui venaient réclamer leur proie.

« Le bruit s'approchait en augmentant : serait-il possible que mes amis pensassent qu'ils m'ont enseveli trop tôt ? et l'espérance s'empara de tout mon être.

« Le bruit cessa, et je sentis des mains parcourir mon visage. On me tira du cercueil par la tête. Je sentis l'air, il était d'un froid glacial ; on m'emportait furtivement, peut-être au tribunal terrible ! pout-être aux flammes éternelles !

« Arrivé à quelque distance, je fus jeté comme un vil fardeau ; ce n'était point sur la terre. Un moment après, je me sentis sur une voiture, et par quelques phrases entrecoupées, je découvris que jétais dans les mains de deux de ces voleurs nocturnes appelés *résurrection-men* qui viennent piller les tombeaux pour faire un trafic sacrilége des corps qu'ils ont exhumés. Aussitôt que la voiture roula sur le pavé des rues, l'un de ces deux hommes commença à siffler, puis chanta quelques couplets obscènes.

« On s'arrêta, on me prit, on m'emporta, et je sentis, par la densité de l'air et le changement de température, que j'étais dans une chambre; on arracha rudement le linceul dont j'étais entouré, et l'on me plaça nu sur une table. D'après la conversation qui eût lieu entre ces deux hommes et un troisième qui se trouvait dans la chambre, je compris que je devais être disséqué la même nuit.

« Mes yeux étaient encore fermés : je ne voyais rien; mais je ne tardai pas à apprendre, par le bruit qui se fit dans la chambre, que les étudiants d'anatomie étaient arrivés. Quelques uns s'approchèrent de la table et m'examinèrent minutieusement, joyeux de voir qu'un si beau sujet leur avait été procuré. Enfin le démonstrateur arriva.

« Avant de commencer la dissection, il proposa de faire sur moi quelques expériences galvaniques, et un appareil fut arrangé à cet effet. Le premier coup ébranla tous mes nerfs; ils résonnairent et vibrèrent comme les cordes d'une harpe. A ce phénomène, les étudiants témoignèrent leur admiration. Le second coup ouvrit mes yeux; et la première personne que je vis fut le docteur qui m'avait soigné. Mais j'étais comme mort, quoique je pusse cependant distinguer parmi les étudiants des visages qui ne m'étaient point étrangers. Aussitôt que mes yeux furent ouverts, j'entendis prononcer mon nom par plusieurs des assistants avec un ton de compassion, et le désir que leurs expériences eussent été faites sur un autre sujet.

« Lorsqu'ils eurent terminé leurs expériences galvaniques, le démonstrateur prit le canif et me fit une inci-
sion à la poitrine ; j'éprouvai une sensation affreuse qui
se répandit à travers tout mon corps ; un tremblement
convulsif s'empara à l'instant de moi, et des cris d'horreur furent jetés par tout l'auditoire. Les liens de la mort
étaient brisés ; ma léthargie avait cessé. Les plus grands
soins me furent prodigués, et dans l'espace d'une heure
j'eus recouvré toutes mes facultés. »

(Extrait du Musée des Familles).

### LA CATARACTE DE NIAGARA.

Nous arrivâmes bientôt au bord de la cataracte, qui s'an-
nonçait par d'affreux mugissements. Elle est formée par la
rivière Niagara, qui sort du lac Érié, et se jette dans le
lac Ontario ; sa hauteur perpendiculaire est de cent quaran-
te-quatre pieds : depuis le lac Érié jusqu'au saut, le fleuve
arrive toujours en déclinant par une pente rapide ; et au
moment de la chute, c'est moins un fleuve qu'une mer, dont
les torrents se pressent à la bouche béante d'un gouffre. La
cataracte se divise en deux branches, et se courbe en fer à
cheval. Entre les deux chutes s'avance une île, creusée en
dessous, qui pend avec tous ses arbres, sur le chaos des on-
des. La masse du fleuve, qui se précipite au midi, s'arrondit
en un vaste cylindre, puis se déroule en nappe de neige, et
brille au soleil de toutes les couleurs, celle qui tombe au levant, descend dans une ombre effrayante ; on dirait une colonne d'eau du déluge. Mille arcs-en-ciel se courbent et se
croisent sur l'abîme. L'onde, frappant le roc ébranlé, rejaillit
en tourbillons d'écume qui s'élève au-dessus des forêts, com-

me les fumées d'un vaste embrasement. Des pins, des noyers sauvages, des rochers taillés en forme de fantômes, décorent la scène. Des aigles, entraînés par le courant d'air, descendent en tournoyant au fond du gouffre, et des carajoux se suspendent par leurs longues queues au bout d'une branche abaissée, pour saisir dans l'abîme les cadavres brisés des élans et des ours.

(CHATEAUBRIAND).

FIN.

# TABLE DES MATIÈRES.



"""

## DE LA LIAISON.

### DE LA LIAISON DU X.

## ANOMALIES.

## DE LA PROSODIE.

—o—

## DE LA LECTURE.